蔡元培 × 錢玄同 × 季羨林 × 劉半農 × 張蔭麟……

品讀一代巨匠的精神風範與赤誠品格

傳奇不遠

魏邦良 著

歷史風濤中的文化人

—— 風骨未泯，在時代激流中堅守的文化旗幟 ——

勤於學術、端正為人、桃李天下……
從蔡元培到張蔭麟，近代中國文化人的才氣與精神追求

目錄

自序

文人風骨

蔡元培：「是真虎，必有風」 …………………………… 008

錢玄同：豎起脊梁做人 …………………………………… 022

蔣廷黻：「沒有任何親戚憑藉我的力量獲得官職」 …… 033

劉半農：教我如何不想「他」 …………………………… 050

楊憲益：做個堂堂正正人 ………………………………… 073

學者風範

賈植芳：要把「人」字寫端正 …………………………… 086

丁文江：一代真才一世師 ………………………………… 097

李濟：直道而行的「拗相公」 …………………………… 115

顧隨：人間重有情 ………………………………………… 129

季羨林：最愛黎明前的北京 ……………………………… 152

書生意氣

李叔同：先器識後文藝 …………………………………… 162

蕭公權：「以學心讀，以平心取，以公心述」 ………… 181

何炳棣：「看誰的著作真配藏之名山！」 ……………… 200

目錄

童書業：一個歷史學家的愛與痴……………………216

張蔭麟：自云「素痴」，誰解其味……………………225

程千帆：臺上一分鐘，臺下十年功……………………237

自序

　　那是一個群星璀璨、人才輩出的年代。

　　本書所寫的每位大家都是那個年代熠熠生輝的明星。他們或成就卓著，聲名顯赫；或人品高潔，名重一時；或才華蓋世，大名鼎鼎。走近他們，閱讀他們，讓我們精神振奮，心潮起伏。心靈不再麻木，神情不再頹喪。

　　他們的故事是最好的糧食，讓我們的心靈不再因飢餓而貧瘠；他們的言語是最好的營養，讓我們的靈魂不再因失血而蒼白。

　　蔡元培兼容並蓄的胸襟，錢玄同自省自剖的勇氣，劉半農痛斥禮教的氣概，李叔同傾心育人的精神，讓今天的我們不能不為之神往，為之敬仰。他們的故事，蕩氣迴腸；他們的人生，堪稱傳奇。現在，讓我們懷著崇敬的心情，撥開歷史的迷霧，步入那個風雲激盪的時代，觀賞前輩們縱橫捭闔的人生，領略他們做人處世的智慧，傾聽他們充滿熱望的心聲。

　　翁文灝寫了一首這樣的詩給丁文江：

　　一代真才一世師，典型留與後人知。
　　出山潔似在山日，論學誠如論政時。
　　理獨存真求直道，人無餘憾讀遺辭。
　　赤心熱力終身事，此態於今誰得之！

　　其實，這首詩適合本書所寫的每位大家，他們都是當之無愧的「一代真才」，也是名副其實的「一世名師」。

自序

　　身為後人,我們追慕「一代真才一世師」的博大胸襟與恢宏氣度,景仰他們「出山潔似在山日」的高尚品德,也要學習他們的「赤心熱力」,鞠躬盡瘁的奮進精神。

　　如果我們不能從「傳奇」中獲得前行的動力;如果我們不能從「典型」中汲取成長的營養,那麼,有血有肉的「傳奇」終會淪為虛無縹緲的傳說;生動豐滿的「典型」漸漸隨風而逝化為無形。

　　筆者撰寫此書,既是向這些堪稱「傳奇」的前輩們表達一份敬意;也是為當下我們提供可資學習的「典型」——即便「雖不能至」,亦可「心嚮往之」。

　　最後還要感謝家人多年的支持,這本小書也獻給家人。

文人風骨

文人風骨

蔡元培：「是真虎，必有風」

北大名動華夏，中研院名垂史冊，蔡元培是厥功至偉的。沒有他的當機立斷、大刀闊斧，中國教育哪能輕易掙脫鏽跡斑斑的千年枷鎖，煥發前所未有的勃勃生機？沒有他的運籌帷幄、折衝樽俎，新文化運動哪能勢如破竹、風起雲湧？

陳獨秀與胡適是新文化運動的核心人物，但如果沒有蔡元培為他倆提供北大這個舞臺，兩人縱有百般武藝，也難以呼風喚雨，大顯身手。

陳、胡攻城拔寨時，當時任教於北大的周氏兄弟、錢玄同、高一涵等搖旗吶喊，也功不可沒。這幫人的因緣際會，不能不歸功於蔡元培。梁漱溟的評價十分公道：「聚攏起來而且使其各得發抒，這畢竟是蔡先生獨有的偉大。從而近二三十年中國新機運亦就不能不說蔡先生實開之了。」

篤厚誠摯

蔡元培的種種識見與行為，無不源自他篤厚誠摯善良的天性。

清代儒林中，蔡元培崇敬黃梨洲、章實齋、戴東原和俞理初四位先生。黃、章、戴赫赫有名，自不必說，俞理初為何也躋身其間？在一篇文章中，蔡元培道出自己崇敬俞理初在於兩點：一、男女平權；二、時代標準。關於前者，蔡元培說：男女「種種不平，從未有出面糾正之者。俞先生從各方面為下公平之判斷」。關於後者，蔡元培認為：「人類之推理與想像，無不隨時代而進步。後人所認為常識，而古人未之見及者，正復不少。後人以崇拜古人之故，認古人為無所不知，好以新說為古人

附會，而古人之言反為之隱晦。俞先生認一時代有一時代之見解與推想，分別觀之，有證明天算及聲韻者。」

正因為有一顆善心，蔡元培才會認同、理解並欣賞俞理初從各方面為男女「下公平之判斷」；又因為有一雙慧眼，蔡元培才會認同、理解並欣賞俞理初「一時代有一時代之見解與推想」之高論。

蔡元培對法國革命時期的口號「自由、平等、博愛」一見傾心，想必也是因了天性之醇厚。他還為這口號找到了儒學的淵源。他認為「博愛」就是孔子所說的「仁」：「己欲立而立人，己欲達而達人」；「平等」就是孔子所謂的「恕」：「己所不欲，勿施於人」；「自由」則是孟子那句話：「富貴不能淫，貧賤不能移，威武不能屈」。

封建社會的統治者為維護其統治，推出等級森嚴的「三綱」論，蔡元培則認為，必須結合「五倫」來施行「三綱」，他說：「綱者，目之對，三綱，為治事言之也。國有君主，則君為綱，而臣為目；家有戶主，則夫、父綱而婦、子為目。此為統一事權起見，與彼此互相待遇之道無關也。互相待遇之道，則有五倫。故君仁，臣忠，非謂臣當忠而君可以不仁也。父慈，子孝，非謂子當孝而父可以不慈也。夫義，婦順，非謂婦當順而夫可以不義也。晏子曰：『君為社稷死則死之。』孔子曰：『小杖則受，大杖則走。』若如俗所謂君要臣死，臣不得不死，父要子死，子不得不死，不特不合於五倫，亦不合於三綱也。」

「三綱」本來是強者控制弱者、尊者駕馭卑者的法則，而蔡元培卻把它施諸強者、尊者。

生性狡獪者會利用一切機會攫取名利，天性醇厚者則習慣為弱者撐腰，替他人著想。蔡元培屬於後者。

文人風骨

　　1940 年代歐洲有一種廢除財產與婚姻的說法，蔡元培在自己主編的《警鐘》中也加以介紹。一些別有用心者竟利用這種理論滿足私欲，他們認為，既然取消了私有財產，別人的財產也可為我所用；既然取消了婚姻，別人的妻子我也可隨意勾搭了。蔡元培聽了這種怪論，當即加以斥責：「必有一介不取之義，而後可以言共產；必有坐懷不亂之操，而後可以言廢婚姻。」

　　「自由、平等、博愛」，對蔡元培來說不是空談的口號，一旦有機會，他就將其付諸實踐。20 世紀初，他就積極支持愛國女校，執掌北大後，他又開放女禁，在中國首次實行了男女同校。此舉在當時影響甚巨。王世傑對此大加讚賞，說：「男女同校制普遍實行以後，所謂教育機會平等的主張，便得著了一個廣大的基礎。這是蔡先生所領導的一種思想革命所給予全國婦女界的一種實惠。」王世傑感慨：「這是何等的實惠！」當時的日本，男女在教育上都未做到平等，一位日本女士聞知此事後，流淚向羅家倫夫人說：「日本沒有賢明的人作同樣的提倡，使我傷心。」

　　男尊女卑的觀念盤踞中國多年，蔡元培敢為人先開放女禁，足見他有一顆關愛弱者的善心。

　　妻子病逝後，很多人勸其續娶。蔡元培在擇偶條件中特別提出一條，男死後女可以再嫁。在整個社會都提倡女子守節的時代，蔡元培此舉充分表明了他對女子的深深同情。

　　既然主張平等，有人認為，責己重者責人也可重，責己輕者責人也可輕。但蔡元培卻堅持「躬自厚薄責於人」。他的理由是，自己犯錯，透過反省可找到原因：「其受前定的遺傳、習慣和教育所馴致的應如何加以矯正？其受環境和感情所逼成的應如何加以調節？操縱之權全在我自

己。而於他人呢，則其馴致和迫成的原因，我絕不會完全明瞭的；假使我僅僅憑了隨便推得的一個原因，就去嚴重的責備他，哪裡會確當呢？況且他自己自然有重責的機會，我又何必越俎代謀？」所以，他的結論是：「責己重而責人輕，乃不失平等之真意，否則跡若平而轉為不平之尤矣。」只有處處為他人著想，才會這麼看問題，才會堅持「躬自厚薄責於人」。

善假於物

蔡元培在北大校長任上，確立「思想自由，相容並包」為北大的辦學方針。循此方針，激進如陳獨秀、胡適，保守如黃侃、劉師培等均被其收至麾下。在他看來，凡教師，只要學問高深，至於觀點相異、思想相左，均可被北大「相容」：「無論何種學派，苟其言之成理，持之有故，尚不達自然淘汰之運命者，雖彼此相反，而悉聽其自由發展。」

蔡元培提出「思想自由，相容並包」，不是靈機一動，更非空穴來風，而是他「依各國大學通例」，理性地吸收西方價值觀的結果。此前，蔡元培在歐洲遊學多年，「思想自由，相容並包」正是他對歐洲各國教育理念的吸收與借鑑。

「君子生非異也，善假於物也。」蔡元培就是這樣的君子。他的成功也得益於此。

蔡元培善於聽取別人的意見。不管對方是誰，只要建議合理，他會立即採納。虛懷若谷，禮賢下士，蔡元培有這樣的風度。

蔡元培擔任教育總長時，王雲五正在臨時大總統府任祕書。因為對教育有一些積久欲吐的意見，王雲五寫了一封關於教育的建議書給蔡元

文人風骨

培。核心內容有三條：一、提升中等學校程度，在大學附設預科，預科畢業者升入大學；二、大學不限於國立，准許私立；三、各省設專門學校，注重實用。

王雲五沒受過高等教育，他的這些建議不過是一些大膽的設想，蔡元培對此卻極為重視，十天後親筆答覆王雲五，稱讚他的意見很中肯，並熱誠邀請王雲五來教育部「相助為理」。

胡適很喜歡這樣一句話：「有聰明而不與別人比聰明，這是做領袖的智慧。」蔡元培的智慧在於他的勤問與善聽。當他結束在歐洲的遊學回國執掌北大時，對中國的教育界並不很熟悉。但他虛心求教，接受了湯爾和的建議，啟用陳獨秀為文科學長，才開啟了新局面，尋到了新路徑。新文化的大幕這才徐徐拉開。

蔡元培從不自以為是，也不固執己見，相反，他習慣不恥下問、博採眾長。

出任北大校長後，蔡元培和老友沈尹默有過一次長談。談話中，沈提醒蔡元培，在北大，改革一件事要拿得穩，否則一旦反覆，情況會更糟。蔡元培答：「你的話對，你的意見是我該怎麼辦？」沈說：「我建議您向政府提出三點要求：第一，北大經費要有保障；第二，北大的章程上規定教師組織評議會，而教育部始終不許成立。中國有句古話：百足之蟲，死而不僵，與其集大權於一身，不如把大權交給教授，教授治校，這樣，將來即使您走了，學校也不會亂。因此我主張您力爭根據章程，成立評議會；第三，規定每隔一定年限，派教員和學生到外國留學。」

最終，蔡元培完全採納了沈尹默的建議，讓北大的發展步入正確的軌道。

蔡元培任北大校長時，顧頡剛正在北大讀書。身為一名學生，他向校長提出：北大的「中國哲學系」應改為「哲學系」，以便包括世界各國的哲學。蔡元培沒有因為對方的學生身分而置之不理，相反，他從善如流接受了顧頡剛的建議，北大從此成立了「哲學系」，講授中國以及世界各國的哲學史和哲學流派。

蔡元培人品高潔，辦事認真，蔣介石的國民政府對他頗為倚重，讓他承擔多種職務。身兼數職的蔡元培，一方面疲於奔命，焦頭爛額；另一方面則左支右絀，顧此失彼。胡適便勸他對自己的工作要有一番通盤籌劃，把精力放在「性之所近而力之所勉」的教育事業中，全力以赴，然後才會有所作為。

蔡元培採納了胡適的建議，向南京政府遞上辭呈，辭去政治會議委員、大學院院長及其他各項兼職事。

倘若我們都能像蔡元培這樣有著寬廣的胸懷，虛心聽取別人的意見或建議，即使偶或步入失誤或歧途，也能幡然悔悟，迷途知返。

充分用人

蔡元培不僅「善假於物」，還能「充分用人」。

胡適特別佩服蔡元培這兩點，認為這是「做領袖的本領」。在給羅隆基的信中，胡適倡言以蔡先生長處補蔣先生（蔣介石）的不足：

依我的觀察，蔣先生是一個天才，氣度也很廣闊，但微嫌近於細碎，終不能「小事糊塗」。我與蔡孑民先生共事多年，覺得蔡先生有一種長處，可以補蔣先生之不足。蔡先生能充分信用他手下的人，每委人一事，他即付以全權，不再過問，遇有困難時，他卻挺身負其全責，若有

 文人風骨

成功，他每嘖嘖歸功於主任的人，然而外人每歸功於他老人家。因此，人每樂為之用，又樂為盡力。跡近於無為，而實則盡人之才，此是做領袖的絕大本領。

翁文灝一段話可證胡適此言不虛：

蔡先生主持中央研究院的主要辦法，是挑選純正有為的學者做各研究所的所長，用有科學知識並有領導能力的人做總幹事，延聘科學人才，推進研究工作。他自身則因德望素孚，人心悅服，天然成為全院的中心。不過他只總持大體不務瑣屑干涉，所以總幹事、各所長以及幹部人員，均各能行其應有職權，發揮所長。對於學術研究，蔡先生更充分尊重各學者的意見，便其自行發揚，以尋求真理。因此種種，所以中央研究院雖然經費並不甚多，卻能於短時期內，得到若干引起世界學者注目的成績。

1930 年 7 月 23 日，胡適和美國公使傑生（Johnson）談到中國政治。傑生認為，書生文人很難合作，真正的領袖往往不是文人出身。他希望中國能產生如華盛頓這樣行伍出身的國家領袖。傑生告訴胡適，凡能帶兩百兵士走兩百里路的人，都有不能不與人合作的機會，這便是學做領袖的第一步。

胡適批評傑生「只知其一，不知其二」。因為中國的軍人如張作霖、閻錫山等一開始在治軍方面頗有長處，但時間一長，「用其過量，任過其力」，就不堪其任了。胡適不贊成傑生的話，他聲稱，中國的這些軍人學識、眼光、胸襟都不夠，所以在太平盛世，尚能做一番事，在亂世則不免於失敗。

胡適大膽設想，倘若蔣介石這樣的軍人具備了蔡元培的學識、眼

光、胸襟，也許就能成為繼往開來的國家領袖了。

蔡元培逝世後，胡適在日記中對他的評價依舊是「能充分用人」：「蔡公是真能做領袖的。他自己的學問上的成績，思想上的地位，都不算高。但他能充分用人，他用人的成績都可算是他的成績。」

相容並包

蔡元培確立的辦學方針「思想自由，相容並包」最為人所稱道。沒有寬廣的胸懷與足夠的勇氣，是很難做到這一點的。就連胡適對蔡元培的相容並包也不以為然，曾抱怨說：「蔡老先生欲兼收並蓄，宗旨錯了。」一向比胡適激烈的陳獨秀這一次卻溫和多了：「蔡先生對於新舊各派兼收並蓄，很有主義，很有分寸……他是對於各種學說，無論新舊都有討論的自由，不妨礙他們個性的發展；至於融合與否，乃聽從客觀的自然，並不是在主觀上強求他們的融合。我想蔡先生的兼收並蓄的主義，大概總是如此。」

當時的胡適年輕氣盛、熱情洋溢，一心提倡白話文，把文言文視作「死文字」，對林紓、黃侃等舊派文人也是不屑一顧，必欲推倒之而後快。但蔡元培卻認為白話、文言各有所長，新派舊派「並不相仿」。他說：

「我本來不贊成董仲舒罷黜百家，獨尊孔子一類的主張，因為學術上的派別也和政治上的派別一樣，是相對的，不是永遠不相容的。……我相信，為應用起見，白話文必要盛行，我也常常做白話文，替白話文鼓吹；然而，我曾說明，作美術文，用文言文未嘗不好。」

顯然，胡適早期還沒有蔡元培的胸襟和雅量。晚年，胡適一再倡導「容忍比自由還更重要」，該是了解到蔡先生當年不凡的包容的氣度。

文人風骨

梁漱溟認為，蔡元培的「相容並包」是「天性上喜歡如此」，而不是把它當作一種方法或策略：「關於蔡先生相容並包之量，時下論者多能言之。但我願指出說明的：蔡先生除了他意識到辦大學需要如此之外，更要緊的乃在他天性上具有多方面的愛好，極廣博的興趣。意識到此一需要而後相容並包，不免是人為的（偽的）；天性上喜歡如此，方是自然的（真的）。有意的相容並包是可學的，出於性情之自然是不可學的。有意相容並包，不一定相容並包得了。唯出於真愛好而後人家乃樂於為他所包容，而後盡複雜卻維繫得住。──這方是真器局、真度量。」

梁漱溟沒有大學文憑，思想上不屬於新派，也無舊學根柢，但他於1916年在《東方雜誌》發表了一篇研究佛學的論文〈究元決疑論〉。蔡元培便聘他為北大講師。梁漱溟認為自己被北大破格錄用也應歸功於蔡元培的「氣度」：「當時蔡先生為什麼引我到北大，且再三挽留我呢？我既不屬新派（外間且有目我為陳、胡的反對派者），又無舊學，又非有科學專長的啊。此即上文所說蔡先生具有多方面的愛好，極廣博的興趣之故了。他或者感覺到我富於研究興趣，算個好學深思的人，放在大學裡總是好的。同時呢，他對於我講的印度哲學、中國文化等等自亦頗感興味，不存成見。這就是一種氣度。這一氣度完全由他富於哲學興趣相應而俱來的。換言之，若胸懷意識太偏於實用，或有獨斷固執脾氣的人，便不會如此了。」梁漱溟還斷言：「這氣度為大學校長所必要的。」

「相容並包」的蔡元培，不僅有容忍的雅量，也有擔當的勇氣。

本來，是湯爾和與沈尹默舉薦了陳獨秀，而陳獨秀又向蔡元培推薦了胡適。陳、胡二位巨頭一拍即合，聯袂發起了新文化運動，利用北大這個得天獨厚的平臺推廣白話文。一時間，兩位巨頭在中國思想界獨領風騷、一呼百應，新文化運動也風生水起勢如破竹。以湯、沈為首的頑

固守舊派慌了手腳、亂了方寸，就找蔡元培訴苦、告狀，但蔡先生不為所動，依舊重用陳、胡二位得力幹將。

蔡元培先生逝世後，傅斯年曾說過這樣一件事：

「在五四前若干時，北京的空氣，已為北大師生的作品動盪得很了。北洋政府很覺得不安，對蔡先生大施壓力與恫嚇，至於偵探之跟隨，是極小的事了。有一天晚上，蔡先生在他當時的一個『謀客』家中談此事，還有一個謀客也在。當時蔡先生有此兩謀客，專商量如何對北洋政府的，其中的那個老謀客說了無窮的話，勸蔡先生解陳獨秀先生之聘，並要約制胡適之先生一下，其理由無非是要保存機關、保存北方讀書人一類似是而非之談。蔡先生一直不說一句話。直到他們說了幾個鐘頭以後，蔡先生站起來說：『這些事我都不怕，我忍辱至此，皆為學校，但忍辱是有止境的。北京大學一切的事，都在我蔡元培一人身上，與這些人毫不相干。』」

所提及的那個「老謀客」即為湯爾和。

有所不為

不過，蔡元培的「相容並包」並非沒有底線，比如，他請劉師培講六朝文學，但不會允許他在課堂上提倡「帝制」；他請辜鴻銘教英詩，但絕不允許他在學校宣揚復辟。他沒有聘請林琴南，也不是因為他思想的保守，而是他在學問上已落後於時代。

在答覆林琴南的信中，蔡元培強調，教師本人的思想、立場可聽其便，但他授課內容必須「與政治無涉」。

一方面，蔡元培十分寬容，主張學術研究無禁區；另一方面，他又

文人風骨

堅決不允許假借學術的名義宣傳政治主張。正如羅家倫在文章中說的那樣：

「經學教授中有新帝制派的劉師培先生，為一代大師，而劉教的是三禮、尚書和訓詁，絕未講過一句帝制。英文教授中有名震海外的辜鴻銘先生，是老復辟派，他教的是英詩，也從來不曾講過一聲復辟。」

北大學生出於愛國熱情走上街頭，蔡元培表示理解並設法營救被捕入獄的學生，但同時他不允許出獄後的學生再次罷課；而當學生們在時事的刺激下再次衝出校園，蔡元培則毅然提出辭職。

在那個動盪不安的時代，蔡元培經常以辭職的方式來顯示他的「有所不為」。

為抗議國民政府干涉司法、蹂躪權利，蔡元培憤而辭職。之後，蔡元培發表一篇〈不合作宣言〉剖明心跡：

校長一職「又適在北京，是最高立法機關行政機關所在的地方。只見他們一天天的墮落；議員的投票，看津貼的有無；閣員的位置，稟軍閥意旨；法律是舞文的工具；選舉是金錢的決賽；不計是非，只計利害；不要人格，只要權利。這種惡濁的空氣，一天一天地濃厚起來，我實在不能再受了」。

蔡元培還在各大報紙登了啟事：

元培為保持人格起見，業已呈請總統辭去國立北京大學校長之職，自本日起，不再到校辦事。特此宣告。

胡適專門寫了一篇文章對這則啟事作了一點闡釋，提醒人們注意，蔡元培的辭職不是「消極」而是一種「犧牲」：

「有所不為」一句話含有兩層意義，兩層都是積極的。第一，「有所不為」是尊重自己的人格。「不降志，不辱身」，不肯把人格拖下罪惡裡去。這種狂狷的精神是一切人格修養的基礎。第二，「有所不為」是一種犧牲的精神，為要做人而錢有所不取，為要做人而官有所不做，為要做人而獸性的欲望有所不得不制裁，為要做人而飯碗有所不得不摔破：這都是一種犧牲的精神。

沒有「有所不為」的堅守，「無所不容」就等同毫無原則；沒有「無所不容」的氣度，「有所不為」就趨於故步自封了。

黃炎培是蔡元培的學生，他說，蔡元培以「有所不為」律己，用「無所不容」教人，所以：「有所不為，其正也；無所不為，其大也。」

德垂後世

蔡元培執掌北大與中研院期間，羅致了一批人才。蔡元培不用心計籠絡人，更不耍手段利用人，那麼，這些雖身懷利器卻性格各異的人才，何以能自覺自願匯聚在蔡元培的麾下？梁漱溟認為，蔡元培為部屬擁戴，是因為他有真好惡，所以一言一動，總有一段真意行乎其間，這樣便能打動人。朱熹說過一句話「是真虎乃有風」，在梁漱溟眼中，蔡元培就是這樣的人。

各路人才之所以像溪流匯聚大海一樣集合在蔡元培的旗下，在於其人格的巨大感召力。論品性的純良、人格的高尚，在民國史上，蔡元培即便不是獨一無二，也屬鳳毛麟角。

蔡元培是國民黨四大元老之一，身兼數職，雖性近學術不宜政治，但在政界卻頗富聲望。很多人找他謀事。對於學有專長的學生，蔡元培

文人風骨

總設法為他們謀一份能發揮其專長的職業,對於親戚,他只介紹他們去做雜役。夫人曾勸他,在親戚中物色一位品學兼優的年輕人,為其找一份體面的職業,使其獨當一面,以後有人請託就由他負責。蔡元培不聽,夫人生氣地質問他:「難道學生都是人才,親戚都是庸才?」

對於有一技之長的人,哪怕素昧平生,蔡元培也會主動幫其介紹工作。一次在火車上,蔡元培和對面的一位年輕人聊天,得知對方大學畢業,出版過關於文字學的著作,蔡元培便問對方有無工作。年輕人說尚無工作,想去安徽大學教書。蔡元培隨後即致信安徽大學校長,推薦這名學生。

不過,如果為升官發財找蔡元培幫忙,他會一口回絕。1930年秋,國民黨某省政府改組,一個北大同學請蔡元培把他推薦給蔣介石,蔡元培立即回電,只說了一句話:「我不長朕即國家者之焰。」

用出淤泥而不染來形容蔡元培絕不為過。做官幾十年竟然沒有一幢自己的房子。在中國官場,還有誰比他更清廉呢?出於關心、敬重和愛戴,胡適、蔣夢麟等人決定集資買一幢房子,送給蔡元培作七十歲賀禮。在聯名函中,胡適等人寫道:

我們知道先生為國家、為學術勞瘁了一生,至今還沒有一所房屋,所以不但全家租人家的房子住,就是書籍,也還分散在北平、南京、上海、杭州各地,沒有一個歸攏庋藏的地方。因此,我們商定這回獻給先生的壽禮,是先生此時最缺少的一所可以住家、藏書的房屋……我們希望先生把這所大家獻奉的房屋,用作頤養、著作的地方;同時,這也可以看作社會的一座公共紀念坊,因為這是幾百個公民用來紀念他們最敬愛的一個公民的。

蔡元培原打算接受這份厚禮，他知道這幢房子蘊含著朋友們的深情厚誼，是朋友對他一生的最高獎賞。然而由於戰火的蔓延，胡適等人的美意未能實現。直至在香港病死時，蔡元培依舊是房無一間，地無一壟，不僅沒有任何遺產，還欠醫院一千元。

學者金耀基盛讚蔡元培是「最普遍受敬仰的人物」：

在新舊中西價值衝突，是非複雜的十九世紀中葉與二十世紀初葉（先生生於一八六八年，歿於一九四〇年），這段時期中，他可說是最少爭議性的人物，也是最普遍受敬仰的人物。崇揚蔡先生之文字何止百千萬言，但他名揚天下，而謗則未隨之，這不能不說是二十世紀中國偉人中的極少數例外之一。

蔡元培一直想靜心讀書做學問，但他身兼數職，百事纏身，等到暮年退出官場已是身心疲憊。他感慨自己在著述方面沒有取得成就，是因為讀書不得法。他總結其不得法有兩點：一、讀書不專心，讀的範圍太廣，結果，樣樣通，樣樣稀鬆；二、筆不勤快，不喜歡做讀書筆記，讀過就忘。

蔡元培如此自責其實是苛求自己了。我們知道，人的成功在於三方面：立功，立德，立言。即便蔡元培立言方面稍嫌遜色，立功、立德方面，他取得的成就則罕有其匹。許地山認為，即便蔡元培沒有寫出偉大的論文或不朽的著作，也沒有誰敢說他沒有學問，因為：「他的人格便是他的著作，他的教誨便是他的著作。」

蔡元培去世後，蔣夢麟寫的輓聯是：大德垂後世，中國一完人。誠哉斯言。

文人風骨

錢玄同：豎起脊梁做人

錢玄同，浙江吳興人，原名夏，字德潛，號疑古、逸谷等。1906 年錢玄同赴日本早稻田大學留學，在日本期間加入同盟會，並和周氏兄弟等一道拜章太炎為師，學習《說文解字》、音韻等。回國後曾在多所中學、大學教書，參與編輯《新青年》，係新文化運動的中堅人物。

兩位文人的日記之緣

新文化運動之前的錢玄同思想保守，行為守舊，是標準的冬烘先生。

李慈銘《越縵堂日記》中有這樣一段話：「漢儒守經之功大，宋儒守道之功大也。」

1912 年的錢玄同大讚李氏這番話，譽之為「顛撲不破」，並誇讚宋儒注重私德，重貞潔，尚廉恥，昌夷夏大防之偉論，「此實百世所當景仰者」。

1916 年，錢玄同的看法完全變了。梁啟超云「以今日之我與昔日之我挑戰」，錢玄同自認這方面比梁氏有過之無不及，前後思想「往往成極端的反背」。他舉例說明：1908 － 1913 年，主張復古音，寫篆字；1918 年之後，主張用破體小寫；1908 － 1915 年，主張保存漢字，反對拼音；1912 年後，力主拼音，極端排斥漢字保存論；1912 － 1915 年，主張恢復漢族古衣冠；1916 年，倡導穿西服；1909 － 1915 年，主張遵循古禮；1916 年，力主廢除古禮。

思想變化如此之巨，對於上述梁啟超那句名言，錢玄同深以為然，說：「這似乎是為自己解嘲，但我的意見，實在覺得一個人的前後思想變遷，雖未必一定是好，亦絕不能說一定是壞。」對自己的「善變」，錢玄同坦然承認，不掩飾也不後悔。

錢玄同思想變化之大，原因有二：一是袁世凱開歷史倒車、復辟做皇帝的反面刺激；一是陳獨秀、胡適倡導新文化運動的正面影響。

1917年9月19日，錢玄同與胡適初次見面。當晚他在日記中記下胡適一段話，大意是，自漢至唐，儒學以《孝經》為主；自宋至明，儒學以《大學》為主。以《孝經》為主，不管天子還是庶人，因為「我」是我父親的兒子，所以不能不做好人，「我」不過是父親的附屬品而已。這種學說沒有「我」。以《大學》為主，須「誠意」、「正心」、「修身」，而後「齊家」、「治國」、「平天下」。這種學說，以「我」為主，陸、王之學均能以「我」為主。所以陸九淵說：「我雖不識一個字，亦須堂堂做一個人。」

對胡適這番議論，錢玄同的評價是「極精」，因為強調了「自我」的價值。

《新青年》發表胡適〈文學改良芻議〉後，錢玄同立即致信陳獨秀表示支持。胡適關於白話文和新式標點符號的主張，錢玄同均佩服不已。錢玄同日記中對陳、胡的褒揚不時可見。錢玄同曾為胡適的《嘗試集》作序，大力推廣胡適以俗語俗字入詩的做法：「『知』了就『行』，以身作則，做社會的先導。我對於適之這番舉動，非常佩服，非常贊成。」錢玄同大力揄揚，唯一不太滿意的是有些詩句還不夠「白」。

錢玄同是章太炎高足，章是聲韻訓詁大家，錢支持文學改良，陳獨秀與胡適都十分快慰。陳獨秀說，錢玄同贊成文學改良，「可為文學界浮

文人風骨

一大白」。〈文學改良芻議〉得到錢玄同讚譽後，當時還是一位留美學生的胡適簡直「受寵若驚」。

胡適是看了李慈銘《越縵堂日記》才「忽然觀感興起，大做起日記來」，而錢玄同則是看了胡適的日記，才發憤寫日記的。滿三十六歲的那一天，錢玄同在日記中吐露一大想法，就是指望透過寫日記，多練筆，能做出有「文學的意味」的文章：「我要治療這個毛病，唯有寫詳細日記之一法，天天寫，天天寫，一定愈寫愈暢達，等到寫日記成癮了，自然而然的要運思去描寫，久而久之，奇巧的結構，滑稽的意味，都來奔赴筆下，那麼做出來的文章，便不僅是記帳式的而是文學的了。」錢玄同自認有兩大毛病「懶惰」與「無恆」，他想以堅持記日記的方法醫治這兩大痼疾。

錢玄同一度大力鼓吹世界語，其目的是「廢漢文」，胡適認為這是一種「抄近路」方式，遂寫信批評：「我的意思以為中國學者能像老兄這樣關心這個問題的，實在不多；這些學者在今日但該做一點耐性的工夫，研究出一些『補救』的改良方法；不該存一個偷懶的心──我老實說這種主張是偷懶的主張！──要想尋一條『近路』。老兄以為這話有一分道理嗎？」

朱我農曾在《新青年》中發表了對世界語的看法：「語言斷不能隨著私造的文字改變的，也不能隨文字統一的……所以憑著幾個人的腦力私造了一種記號，叫做文字，要想世界上的人把固有的語言拋了，去用這憑空造的記號做語言，這個和用中國的古文去改中國現在的語言差不多，是萬萬做不到的。」胡適贊成這一看法，認為「極有價值」。

1927年後，錢玄同思想漸趨保守，對自己的言辭犀利、觀點偏激頗

有悔意，在給胡適的信中，他說：「回想數年前所發謬論，十之八九都成懺悔之數據。」胡適回信勸他：「不必懺悔，也無可懺悔……我們放的野火，今日已蔓燒大地，是非功罪，皆已成無可懺悔的事實。」胡適這裡肯定了錢玄同在新文化運動中「放野火」的功勞。

有讀者在給《新青年》的信中談到錢玄同，說：「錢玄同先生，我最佩服，他是說話最有膽子的一個人。」劉半農以記者的身分回了信給這位讀者，答：「至於錢玄同先生，誠然是文學革命軍裡一個衝鋒健將。但是本志各記者，對於文學革新的事業，都抱定了『各就所能，各盡厥職』的宗旨；所以從這一面看去，是《新青年》中少不了一個錢玄同；從那一面看去，卻不必要《新青年》的記者，人人都變了錢玄同。」

一問一答，可見錢玄同當時的名氣與風采。

《狂人日記》的催生婆

周氏兄弟能那麼快地登上文壇，錢玄同功不可沒。

錢玄同曾回憶自己和周氏兄弟的早期接觸：「我認為周氏兄弟的思想，是國內數一數二的，所以竭力慫恿他們為《新青年》寫文章。七年一月起，就有啟明的文章……但豫才則尚無文章送來，我常常到紹興會館去催促，於是他的《狂人日記》小說居然做成而登在第四卷第五號裡了。自此以後，豫才便常有文章送來，有論文、隨感錄、詩、譯稿等，直到《新青年》第九卷止。」

魯迅《吶喊》自序中也承認他是接受了錢玄同的勸說才「利劍出鞘」，開始寫小說的。身為《狂人日記》的催生婆，錢玄同對新文化的貢獻就不容忽視。

文人風骨

　　1918年3月14日，錢玄同寫給陳獨秀的一封信，以〈中國今後之文學問題〉為題發表在《新青年》上，主張廢除漢字。有人責怪錢玄同的論調過於偏激。其時，最早提出廢除漢字的是陳獨秀、劉文典和魯迅。錢玄同不過是接受他們的觀點，最先在文章裡表達出來而已。錢玄同1918年的一則日記說明了這一點：

　　又獨秀、叔雅二人皆謂中國文化已成僵死之物，誠欲保種救國，非廢滅漢文及中國歷史不可。此說與豫才所主張相同，吾亦甚然之。

　　陳獨秀、胡適因鼓吹白話文而受到遺老遺少們的口誅筆伐，錢玄同主張廢除漢字後，這些「衛道士」們慌了陣腳，急忙撇下陳、胡，調轉槍口，向錢玄同開火。「文學革命」派因此少受了不少火力。魯迅說，白話文因此獲得了脫穎而出的機會：衛道士們「於是便放過了比較平和的文學革命，而竭力來罵錢玄同。白話乘了這一個機會，居然減去了許多敵人，反而沒有阻礙，能夠流行了。」

　　錢玄同鼓勵年輕人學外語，讀原版的外文書。在他看來，古書充滿糟粕，青年人容易為其所誤導，同時他認為，研究學術，沒有域外知識根本行不通。他日記中說：「今幸五洲交通，學子正宜多求域外智識，以與本國參照。域外智識愈豐富者，其對於本國學問之觀察亦愈見精美。」

　　新文化運動期間，錢玄同與周氏兄弟交往密切，日記中常有訪周氏兄弟的紀錄。那段時間魯迅對錢玄同也頗有好感，在給許廣平的信中稱讚了錢玄同的文章：

　　其實暢達也自有暢達的好處，正不必故意減縮（但繁冗則自應刪削），例如玄同之文，即頗汪洋，而少含蓄，使讀者覽之瞭然，無所疑惑，故於表白意見，反為相宜，效力亦復很大……

對北京女子師範學校風潮，錢玄同和魯迅態度一致。當錢玄同得知校長楊蔭榆因有章行嚴撐腰，帶領軍警衝進學校，解散學生自治會，開除部分學生，封鎖餐廳，他怒不可遏，隨即在《晨報》發表宣告：「從十四年八月一日起，我不再做被楊蔭榆聘請的女師大底教員。」

1925年5月27日，為支持北京女子師範大學學生運動，抗議楊蔭榆以軍警驅逐學生，七位教授聯名在《京報》發表〈對於北京女子師範大學風潮宣言〉。錢玄同、魯迅、周作人名字赫然在列。

魯迅曾說，他常常像「解剖」別人一樣無情地「解剖」自己。和魯迅一樣，錢玄同也有「自剖」的勇氣。1923年1月3日，錢玄同在日記裡如此「審問」自己：

滿清政府殺了譚嗣同等六人，便促進了變法的事業⋯⋯多一個犧牲的人，在時間上便可提早達成。那麼，我們若肯為了「綱倫革命」和「漢字革命」而犧牲，甚且至於流血，則新家庭和拼音新文字必可提早達成。這種犧牲是最值得的。我於是便問我自己道：「玄同！你肯這樣光榮的犧牲嗎？」但答案卻是「⋯⋯」

錢玄同這次「自剖」真誠而尖銳，直接戳到文化人的痛處。一方面，身為文化人，他敏於思考，能看清問題的實質；另一方面，自己又怯於行動，明知犧牲是值得的，但事到臨頭卻畏首畏尾，顧慮重重。

魯迅對此也有相近的反思：「凡做領導的人，一須勇猛，而我看事情太仔細，一仔細，即多疑慮，不易勇往直前，二須不惜用犧牲，而我最不願使別人做犧牲，也就不能有大局面。」

魯迅還意識到，思考敏銳、目光如炬者，實際行動中往往更容易左顧右盼、猶豫不決：「由此可知見事太明，做事即失其勇，莊子所謂『察

文人風骨

見淵魚者不祥』，蓋不獨謂將為眾所忌，且於自己的前進亦復大有妨礙也。」

魯迅有名言曰：「救救孩子。」錢玄同也說過類似的話：

> 三綱者，三條麻繩也，纏在我們的頭上，祖纏父，父纏子，子纏孫，代代相纏，纏了兩千年。「新文化」運動起，大呼「解放」，解放這頭上的三條麻繩！我們以後絕對不得再把這三條麻繩纏在孩子們的頭上！可是我們自己頭上的麻繩不要解下來，至少「新文化」運動者不要解下來，再至少我自己就永遠不會解下來。為什麼呢？我若解了下來，反對「新文化」、維持「舊禮教」的人，就要說我們之所以大呼解放，為的是自私自利。如果藉著提倡「新文化」來自私自利，「新文化」還有什麼信用？還有什麼效力？還有什麼價值？所以我自己拚著犧牲，只救青年，只救孩子！

錢玄同「只救青年，只救孩子」，其目的是不讓維持舊禮教者留下話柄。而魯迅則認為，「過渡的一代」中封建禮教的毒太深，徹底解放，何其難矣！只能「自己揹著因襲的重擔，肩住了黑暗的閘門，放他們到寬闊光明的地方去；此後幸福地度日，合理地做人。」

還是魯迅看得深。

1921年，身為新文化運動的「急先鋒」，錢玄同對過去的激烈言論已有悔意。這一年的第一天，錢玄同在日記中寫道：

> 萬物並育而不相害，道並處而不相悖，方是正理。佛有小乘、大乘，孔有三世之義。其實對付舊人，只應誘之改良，不可逼他沒路走。如彼迷信孝，則當由孝而引之於愛，不當一味排斥。至於彼喜歡寫字刻圖章，此亦一種美術，更不必以閒胡扯譏之。彼研饋故紙，高者能作宋

明儒者、清代樸學者，亦自有其價值，下焉者其白首勤劬之業，亦有裨於整理國故也。至若納妾、復辟，此則有害於全社會，自必屏斥之，但設法使其不能自由發展便行了，終日恨恨仇視之，於彼無益，而有損於我之精神，甚無謂焉。

這一天對錢玄同來說堪稱分水嶺，自此，他由激進趨向保守，由激烈變為溫和，由主張統一轉為提倡多元。對舊傳統、舊文化的寢皮食肉的仇恨不見了，取而代之的是溫情與敬意。

魯迅說，中國多有喜責人而少自省者。但魯迅本人和錢玄同卻能直面人生，不斷自省，可敬可佩。

狷介莫人知

黃侃是錢玄同的同門師兄。可黃侃在課堂上常取笑、戲弄錢玄同。一次，他對學生們說：「汝等知錢某一冊文字學講義從何而來？蓋由余溲一泡尿得來也。當時錢與余居東京時，時相過從。一日彼至余處，余因小便離室，回則一筆記不見。余料必錢攜去。詢之錢不認，今其講義，則完全系余筆記中文字，尚能賴乎？是余一尿，大有造於錢某也。」

周作人聽了這話，很為錢玄同抱屈，就在信中談及黃侃之刻毒。沒想到錢玄同根本不當回事，在回信中說：「披翁（按：黃侃別號）軼事頗有趣，我也覺得這不是偽造的，雖然有些不甚符合，總也是事出有因吧。例如他說拙著是撒尿時偷他的筆記所成的，我知道他說過，是我拜了他的門而得到的。夫拜門之與撒尿，蓋亦差不多的說法也。」

由此事可知，錢玄同人隨和，心胸也較一般人寬廣。黃侃對自己出言不遜，錢玄同一笑置之，但若詆毀新文化，錢玄同會憤而回擊。一

文人風骨

次，黃侃當著錢玄同口出穢語：「新文學，注音字母，白話文，屁話。」錢玄同忍無可忍，予以回擊：「這是天經地義！我們道不同不相為謀，不必談。」

黃侃去世後，錢玄同對這位學問好脾氣大的師兄給予了客觀、公允的評價：「平心而論，餘杭門下才士太少，季剛與逖先，實為最表表者。」

錢玄同自問，自己雖崇古尊中，但也不排斥「今」、「外」。所以他自命為「中外古今派」：「可是我是絕對的主張『今外』的；我的『古中』，是『今化的古』和『外化的中』，──換言之，『受過今外洗禮的古中』。」錢玄同自稱「今化的古」和「外化的中」，表明了他對「復古」、「民粹」的不認同。

錢玄同還有一個愛好：頻繁地為自己取名號，並透過名號曲折地表達自己的思想。

錢玄同，原名為怡。這個名字是長輩取的，他一直不用。後來留學日本，才「廢物利用」取名錢怡。後受光復派影響，取號「漢一」。在日本，錢玄同聽過章太炎的課。老師告訴他，古人名和字要相應，於是他取名「夏」。為《新青年》寫文章那幾年，他把名號合一，取名「玄同」，後來因為懷疑古文學派，取號「疑古玄同」。疑古，出自《史通》，指「辯偽」，錢玄同取其為號，寓意為：「凡過去的政治法律、道德文章，一切都疑其不合理。」錢玄同有時也把「疑古」寫成「夷嵎」，取「不盲從多數」之意。

他還有一個號為「餅齋」，這個號源自《三國志‧魏書‧裴潛傳》中的一句話：「願為賣餅家，不做太官廚。」表明他認可今文學派，另外，「餅

齋」也含「對於一切政教文化不固執」之意。日寇侵略中國後，為表示愛國，他恢復了「夏」這個名號，並取號為「逸谷老人」、「鮑山病叟」，暗示自己決意歸隱，不會出任偽職。他曾說，自己取「鮑山病叟」這一雅號，一則表明自己對中國的前途並未失望，「蓋我雖躺在床上，而尚思在室中尋覓光明」；一則暗示，自己不會投身事敵，而是要做一個「茹素」隱居的「病叟」。

國土淪陷之際，他立場堅定，態度鮮明。熱河淪陷，他三個月拒絕宴飲；九一八事變後，他與日人斷絕往來；1933年5月，他書寫了中華民國華北軍第七軍團第五十九軍抗日戰死將士墓碑碑文；1936年，他與北平文化界知名人士聯名提出抗日救國七條要求。

七七事變後，從7月19日到8月末，錢玄同有四十天未記日記，對此，他解釋如下：「這四十日之中，應與《春秋》桓四、桓七不書秋冬同例也（以後也還如此）。」古人云：「如桓不道，背逆天理，故不書秋冬。」錢玄同此舉乃效仿古人，暗示日寇侵華乃「背逆天理」。

錢玄同曾集過一副對聯：「打通後壁說話，豎起脊梁做人。」國難中的他確實做到了這一點。

錢玄同去世後，老友沈尹默輓詩中有這樣一段：「平生特異性，狂獧其實狷。狷介莫人知，唯狂眾所見。四十便可殺，語激意則善。日新又日新，即以示果斷。君子學為己，誨人也不倦。中庸本非易，修道尚權變。邇來憂患深，義利尤明辨。」

狂者進取，狷者有所不為。錢玄同可謂既狂亦狷也。

錢玄同在世時沒有出過文集。四十四歲那年，錢玄同有意自編文集，但整理文稿時卻發現問題，原來他早年信古，後來倡新，其中的矛

盾十分觸目,遂決定五四前的文章一概不選。選了幾天,錢玄同忽然一拍桌子,長嘆一聲:「簡直都是廢話,完全要不得。」可見錢玄同對出書十分慎重,寧缺毋濫。

1917年1月26日,錢玄同在日記裡寫道:「論心則自去年以來,拋去前此悲觀消極之念,頗思今後多讀真理之書,以為改良社會之圖,不可謂無進步,而顧茲薿躬,則衰弱日甚一日,正不知命在何時?平居常有活五十歲之想,恐不能達此目的,唯一息尚存,此祈求真理改良社會之志,總不容少懈。特志於此,以自策勵。」

「活五十歲之想」,可謂一語成讖,錢玄同五十二歲就去世了。不過,「一息尚存,此祈求真理改良社會之志」,確未懈怠,可謂言行一致,兌現了諾言。

蔣廷黻：「沒有任何親戚憑藉我的力量獲得官職」

1895年12月7日，蔣廷黻出生於湖南寶慶府邵陽北一個魚米之鄉。蔣廷黻的二伯父喜歡讀書，但努力多年，屢考不中。博取功名無望，二伯父就把希望寄託在後輩身上。他發現兩個姪子喜歡讀書，就把未了的心願寄託在兩個姪子身上，聽說哪裡塾師好，便不惜重金把兩個姪子送去受教。蔣廷黻早年的教育得益於二伯父的謀劃與督促。

早年求學經歷

1901年，二伯父辦了一家私塾，包括蔣廷黻在內的蔣家子弟都在私塾學習《三字經》，練習書法。蔣廷黻很快將《三字經》背得滾瓜爛熟。蔣廷黻很喜歡《三字經》，他認為那是一本很好的書，裡面蘊含了儒家思想的核心內容。他說，讀完這本書，可大致了解儒家思想的輪廓。蔣廷黻背書快，書法好。在二伯父和其他長輩眼中，是天生讀書的材料。為了培養這個「天才兒童」，二伯父不停地把他轉到當地更好的學校。

1905年，科舉廢除，中舉這條路斷了，二伯父就把蔣廷黻和他哥哥送到省城長沙的新學校。在這所名為明德的新式學堂，蔣廷黻所學科目有國文、數學、修身、圖畫與自然。在這裡，他不僅學到私塾裡沒有的新知識，還接受了愛國觀念，因為這是一所「充滿革命氣息的學校」。學校老師向學生們灌輸了這一思想：「所有中國青年都應該努力用功，以備將來為國犧牲。」

那一階段，蔣廷黻的父親、大伯父、二伯父共同經營一家鐵廠和兩個店鋪，收入三家共享。蔣廷黻和哥哥的學費由店鋪承擔，二伯母抱怨

文人風骨

說，蔣廷黻兄弟的學費由三家分攤不合理。蔣廷黻父親聽了這話後不高興，讓蔣廷黻兄弟倆輟學去店鋪學徒。二伯父堅決不同意，他認為兩個姪子是讀書的材料，如果店鋪不賺錢，他即使賣幾畝田也要供姪子讀書。蔣廷黻後來說：「我和哥哥很幸運，因為二伯的決定終於為大家所接受。」如果不是二伯父的無私支持，蔣廷黻和哥哥恐怕就此輟學做學徒去了。

1906年，二伯父聽說湘潭長老學校辦得好——這是一所外國人辦的學校。二伯父是商人，但眼界開闊、思想開通，那時候就知道，學英文學技術，西人辦的學校優於本土學校。這年秋天，在二伯父的安排下，蔣廷黻兄弟離開長沙明德前往湘潭長老教會學校（益智學校）。在這裡，蔣廷黻結識了來自美國的樂於助人的林格爾（William H. Lingle）夫婦，打下了堅實的英文基礎。沒有林格爾夫婦的引導、幫助，蔣廷黻後來的赴美半工半讀是難以想像的。

林格爾夫婦是長老教會學校的主持人。蔣廷黻隨林格爾夫人學了整整三年的英語。1911年辛亥革命爆發，林格爾夫人害怕時局不穩，決定關閉學校回美國。當時蔣廷黻年僅十六歲，他決定隨林格爾夫人赴美讀書。可是林格爾夫人到上海後，改了主意，要繼續回湘潭辦學，她勸蔣廷黻和她一同回去。蔣廷黻則決意赴美，林格爾夫人就請青年會的幹事在旅途中照顧蔣廷黻。蔣廷黻家中為他籌集的資金不多，林格爾夫人說服一位朋友借給蔣廷黻美金八十元。

蔣廷黻在名著《中國近代史》開篇說了這樣一段話：「近百年的中華民族根本只有一個問題，那就是：中國人能近代化嗎？能趕上西洋人嗎？能利用科學和機械嗎？能廢除我們的家族和家鄉觀念而統整一個近代的民族國家嗎？能的話，我們民族的前途是光明的；不能的話，我們這個

民族是沒有前途的。因為在世界上，一切的國家能接受近代文化者必致富強，不能者必遭慘敗，毫無例外。並且接受得愈早愈速就愈好，日本就是一個好例子。」

蔣廷黻站在國家高度，抨擊了中國的「家族和家鄉觀念」。如果從個人感情出發，他對中國的「家族觀念」應該不會那麼厭惡，因為他的成長得益於二伯父的「家族觀念」。如果不是家族觀念重，二伯父怎麼會對兩個姪子的教育如此費心費力費銀？但蔣廷黻正是站在國家的高度，拋棄了一己私情，才寫出上述那番客觀、理性的話。《中國近代史》的長處之一正是客觀、公正、平和、理性的敘述筆調。

祖母與繼母

在所有長輩中，蔣廷黻印象最深的是祖母。祖母德高望重，意志堅強，是家中說一不二的權威。蔣廷黻父親和二伯父在外做生意，常買人蔘孝敬她。祖母收下人蔘後轉送給自己的女兒。兩個兒子不高興了，說，早知道您不吃，就不買了。祖母訓斥：送給我的禮物就是我的，我愛給誰給誰。兩個兒子嚇得不敢說話，下次還是照舊買人蔘孝敬。

葉公超出任外交部常務次長後，在外交部建立了福利金制度。當時美國國際善後總署援助中國一批物資，有一些被賣到義大利，又從義大利轉賣到美國。美國當然不滿，派人赴南京質問。來者不善，先見了蔣介石，再到外交部交涉。外交部部長王世傑覺得事態嚴重，讓葉公超代表外交部處理此事。面對美國人理直氣壯的質問，葉公超反客為主批評對方：「你們既然將該項物資送給了我們，物資是屬於我們的了，我們有處理自己物資的全權，我們沒有飯吃，我們出售求現，並無不對之處，

文人風骨

你們是不是管得太多了。」兩小時後，王世傑打電話問交涉結果，葉公超報告說，十分鐘就解決了，兩位美國人還向他道歉了。

葉公超的回答與蔣廷黻祖母的話如出一轍，睿智得體，讓對方無言以對。

蔣廷黻六歲時母親去世了。祖母立即把他和哥哥、姐姐移入自己的房間，悉心照顧，直到兩年後，三個孩子有了繼母。

蔣廷黻的父親和二伯父不信佛教，但祖母信佛，還常帶幼年的蔣廷黻去寺廟燒香拜佛。祖母信佛但不強求自己的兒子信佛，兩個兒子不信佛，也不干涉母親信佛。蔣廷黻說：「他們的行徑，實在是信仰自由的最佳榜樣。」

1935年秋天，蔣廷黻年屆九旬的祖母去世了。蔣廷黻星夜兼程趕回去參加了祖母的葬禮。葬禮很隆重，蔣家為此賣了三十畝田：「整個喪禮可以說極盡人間的豪華和精神上的安慰。」

蔣廷黻六歲喪母，兩年後，父親續娶了一位寡婦。這位繼母將蔣廷黻兄弟倆視為己出，關懷備至。她要求嚴格但從不責罵，總是用溫和的語言開導這兩個孩子。春節時，她讓兩個孩子先去蔣廷黻生母家拜年，安排轎伕讓兩個孩子坐轎去拜年，這樣做是為了顯示蔣家在當地的地位。她還特別囑咐轎伕，把兩個孩子送到後，告訴熊家（蔣廷黻生母姓熊）下午再去接兩個孩子，然後才能離開熊家；如果轎伕在那裡等孩子，熊家得為他們備飯；如果轎伕不說清楚下午去接孩子，熊家可能會安排兩個孩子晚上的食宿。她這樣細緻周到安排既不失禮數地給熊家拜了年，又善解人意地不給對方添麻煩。而兩個孩子去她娘家拜年，她就吩咐轎伕一直在那裡等蔣廷黻哥倆下午回家。因為她家比較富裕，可以

招待轎伕。蔣廷黻感慨:「湖南人的親切和體貼,繼母可以說表現得無遺了。」

「我怎麼能夠死!」

1912年元月中旬,蔣廷黻搭乘「波斯」號前往美國舊金山,那一年,他剛滿十七歲。2月11日,蔣廷黻抵達舊金山。上岸後,獨自一人的蔣廷黻不知道下一步該怎麼辦,但他一點不慌,坐在行李上自言自語道:反正已到了美國。正在他悠閒地欣賞碼頭風景時,一個文質彬彬的廣東人向他走來,簡短交談後,這位廣東人領著蔣廷黻乘電車來到一座教堂,會見了一位牧師。牧師了解情況後把蔣廷黻送到了青年會。這位廣東人可能是受林格爾夫人之託接待蔣廷黻的。

在青年會,蔣廷黻把自己的情況和願望告訴了一位熱心的職員,他說自己資金有限,來美國求學,只能進半工半讀的學校。他告訴這位職員,在中國時,林格爾夫人說密蘇里派克維爾有這種學校。那位職員隨即發了電報給那所學校,詢問對方是否可接受一個中國青年的求學申請。翌日下午,那位職員通知蔣廷黻,密蘇里派克維爾派克學堂同意接受他入學。這位職員把蔣廷黻送到火車站,還幫他買了頭等車票。

派克學堂條件艱苦,學生工作三小時才能有兩小時的讀書時間。蔣廷黻的英語有一定基礎,但上英語課仍舊吃力。英語課老師用的教材是史考特(Walter Scott)的《撒克遜英雄傳》(*Ivanhoe*),每次只講十頁。蔣廷黻用字典查出生詞,抄在小本上,註上中文解釋。十頁課文足有三百個生詞,學起來異常艱難。由於口語、聽力都不好,蔣廷黻無法和老師、同學交流。那一階段,他上課聽不懂、做工很辛苦,但他不能退

縮，事實上，也無路可退。

4月間，蔣廷黻生病了，學校有十幾個男女生都病倒了——是一種流行的傷寒症。在醫院裡，蔣廷黻處於半昏迷狀態，不過，醫生、護士對這個來自異國他鄉的學生倒是很關心，把他照顧得無微不至。一天，護士要把蔣廷黻換入一間小病房，那裡清淨，便於休息。護士拿來紙筆對蔣廷黻說，你可以寫封信告訴家人自己的病況。蔣廷黻看了她一會兒，說：「我知道你認為我快死了，我告訴你，我絕不會死。」護士一聽笑了，安慰他說，她不擔心他的康復，但是把病情報告給父母總是好的。接著，護士好奇地問：「我很奇怪，你怎麼知道你一定不會死？」蔣廷黻答：「我從幾千里外的中國老遠到美國來求學，現在還未開始，我怎麼能夠死！」

病情好轉後，蔣廷黻請護士小姐幫他找幾本英語書，他想在養病期間補習一下英語。蔣廷黻在中國讀過《伊爾文見聞錄》，懵懵懂懂，想重讀一下。護士找來一本，蔣廷黻讀得津津有味，他發現自己英語進步了不少，看這本書時不需要查生字了。在護士的幫助下，他一口氣讀了好幾本伊爾文的小說。這時候，奇蹟出現了：「英語的門突然被我開啟了。我開始對英語感興趣了。我和護士小姐及其他同房的患者談話也感到清楚有趣。」在病房中，蔣廷黻透過交談，掌握了很多英文成語，一直困擾他的發音問題，住院十週，也大致解決了。

語言問題解決後，學習其他課程就得心應手了。

派克學堂沒有體育課，也沒什麼社交活動。課外活動只有演講和辯論。大三上學期，學校舉行演講比賽，費根教授鼓勵蔣廷黻參加。費根教授為他選了一個帶有浪漫色彩的題目。蔣廷黻圍繞這個題目，寫就演

講稿，先在費根教授面前來一次「演習」，費根教授校正了他的一些發音。之後，蔣廷黻又去樹林中的一塊空地上，把樹林當觀眾，大聲演講。因為準備充分，蔣廷黻在演講比賽中榮獲亞軍。演講比賽的觀眾是學校的學生和學校所在小鎮的居民，一直默默無聞的蔣廷黻，因為這次比賽「暴得大名」，成了小鎮「明星」。

派克學堂所有學生都要參加勞動，勞動收入抵償膳宿費，學生沒有零用錢，蔣廷黻當然也不例外。演講比賽獲得名次後，有老師和熱心居民介紹蔣廷黻去一些民間團體或教堂去演講，每次演講獲報酬美金二至五元。蔣廷黻演講的內容大多是介紹自己的家庭和自己在中國的讀書情況。一次，堪薩斯市長老教會的一位老人特意來找蔣廷黻，說教會牧師突然生病，想請蔣廷黻去幫忙在「主日學」做一次演講。蔣廷黻不敢答應，怕不能勝任，但老人一再要求，蔣廷黻勉強答應：「當晚，我修改一下我準備在主日學時用的演講大綱，一改為二，每階段加上一段祈禱和一個結論。」蔣廷黻出色完成了任務，賺了美金二十元，發了一筆小財。

派克學堂的學生會參加各式各樣的勞動，諸如趕車、修路、掃地、除草等，每天都累得腰痠背痛。蔣廷黻從這些體力勞動中獲益甚多，他說：「我的經驗非同小可。儘管以後我對許多理論問題感到興趣，但我相信，體力勞動的經驗，幫助我站穩了腳跟。」

1914年夏天，蔣廷黻離開派克學堂，前往俄亥俄歐柏林學院進一步深造。回憶派克學堂這段學習經歷，蔣廷黻說：「派克維爾兩年半是否學到什麼東西我不敢說，但我確信那裡的工作使我身體健壯，意志堅強。」

蔣廷黻在美國求學期間，只有幾年得到湖南政府的獎學金，更多時

候,他都靠課餘打工來維持生活。他沒有把工作當作負擔,而是做得津津有味、興致勃勃。蔣廷黻認為,中國舊式文人,大多「手不能動、足不能行、背不能直,一天到晚在那裡吐痰擦癢」。蔣廷黻在美國做各式各樣的體力活,且樂在其中,部分原因是他極為反感中國舊式文人的這種毛病。另外,他認為,身為青年人,不能滿足於僅從課本獲得知識,也要從社會活動中獲得知識,體力勞動就是一種社會活動。留美歸國後,他還對中國青年的上述缺陷做了批評:「男子,青年的男子,還有許多頭不能抬、背不能直、手不能動、腿不能跑:從體格上說,他們不配稱現代人。從知識上說,我們 —— 男女都在內 —— 還是偏靠書本,不靠實事實物。」

在鄉間做了一個進步榜樣

1923年春,蔣廷黻在哥倫比亞大學獲得哲學博士學位後返國。他本該第一時間回家鄉看望家中長輩,但離美前他已被南開大學聘為教授,講授西洋史,於是他先赴天津南開任教,把回家時間推遲到年底。

那年夏天,蔣廷黻父親去世,喪事由蔣廷黻哥哥、弟弟料理。哥哥、弟弟徵求人在南開的蔣廷黻,問是否請和尚唸經。當時蔣廷黻剛從哥大畢業不久,認為唸經是迷信,完全沒必要;但他熟知鄉下風俗,如果不請和尚唸經,鄉下人會誤認為他們兄弟吝嗇。於是,他建議,把請和尚唸經的錢拿出來修繕家鄉附近一所廟宇,用作學校校舍。哥哥、弟弟接受了他的建議。年底,蔣廷黻回鄉為父親掃墓,親戚鄉鄰都認為他這件事辦得好。蔣廷黻說:「我認為我是在鄉間做了一個進步榜樣。」

蔣廷黻動身回家前,聽說族人準備出村三里歡迎他,大張旗鼓,興

師動眾。蔣廷黻立即寫信給二伯父（他是歡迎慶典的主持人），告訴他不必如此張揚、鋪張。在他的要求下，慶典取消了。

歡迎慶典取消了，但族人在蔣家祠堂為他舉辦了盛大宴會，並安排他坐首席。蔣廷黻堅拒，族人堅持，說：「這個宴會是為你舉辦的，你不坐首席，別人也無法坐。」蔣廷黻想出一個折中辦法，說自己可以坐第二桌的首席，第一桌的首席留給族中德高望重者。最後，蔣廷黻伯父坐在了首席，這個問題才得以解決。

以上雖屬瑣事，但顯示了蔣廷黻的處世技巧和辦事能力。

蔣廷黻出任行政院政務處長後，家鄉人風聞他當了大官，很多親友都想求他弄個一官半職。蔣廷黻立即請住在長沙的哥哥，阻止那些打算來南京求職的親友。他讓哥哥告訴親友們：「任何人我都不能幫忙。如果他們來南京，我絕不招待，如果他們到了長沙，沒有路費回鄉，我出路費，但不會幫他們求職。」

很多親友知難而退。蔣廷黻弟弟的小舅子不聽勸來到南京，蔣廷黻堅守諾言，沒有見他，只託人送回程路費給他。

蔣廷黻的啟蒙老師，求蔣廷黻在家鄉縣城中為他謀個職位。蔣廷黻解釋，如果老師手頭緊需要一點資助，自己願意盡力，但無法為他安排職位。他告訴這位啟蒙老師，將來年紀大了無法謀生，要米要麵自己都會盡力幫忙，但實在無法給他一個官銜。這位昔日老師指責蔣廷黻忘恩負義，「但是經過多次直接和間接的解釋，他也只好回湖南了」。

蔣廷黻說：「從我擔任公職開始，就沒有引用過私人。親戚們均深悉此情，沒有任何親戚憑藉我的力量獲得官職。」

南開與清華

蔣廷黻在南開大學教西洋史時，也著手研究中國外交史。出於研究的需要，他想了解一下中國農民衣食住行的情況，便讓學生去附近農村做一番調查，結果下鄉的學生毫無收穫。學生們告訴蔣廷黻，農民們不肯接受調查，不願回答他們的詢問。蔣廷黻就帶學生們一道去。原來學生們把問題寫在紙上，一邊問一邊記錄。農民們不知道這些人的底細，當然拒絕回答。蔣廷黻指點學生，讓他們不要帶紙筆，只找機會和農民閒談，如有小茶館，就替農民買一杯茶，邊喝茶邊閒聊。學生們用這種辦法果然得到不少珍貴的第一手資料。

研究中國外交史時，蔣廷黻注重收藏原始檔案資料。他為蒐集原始資料下了很大的功夫，費了很多心血，用傅斯年的話來說就是「上窮碧落下黃泉，動手動腳找東西」。蒐集資料需要經費，張伯苓給予他很大的支持，即便當時南開經費不寬，「仍能撥款購置已出版的史料」。

傅斯年說：「我們反對疏通，我們只是要把資料整理好，則事實自然顯明了。一分資料出一分貨，十分資料出十分貨，沒有資料便不出貨。」他宣稱：「近代的歷史學只是史料學。」

蔣廷黻對資料的重視絲毫不亞於傅斯年。

以大量原始資料為基礎，蔣廷黻著手完成一部名著，《近代中國外交史資料輯要》（上卷）。李敖說，這部書的長處是直接接觸原料。李敖下了結論：胡適之是為中國哲學史開山的人，蔣廷黻是替中國外交史領航的人。後來在清華工作時，蔣廷黻繼續這一工作，完成了《近代中國外交史資料輯要》（中卷）。

正因為在蒐集資料方面下了苦功，1938 年短短兩個月，蔣廷黻厚

積薄發寫出了只有五萬字的《中國近代史》。這本五萬字的著作，高屋建瓴，又深入淺出，好讀也耐讀，至今仍是中國近代史研究領域頂尖之作。著名學者何炳棣對這部書讚不絕口：「你看一本薄薄的《中國近代史》，將史料都吃透了，融合在他對歷史的獨特看法之中。半個世紀以來，又有幾本近代史著作超過了它？當今專為獲獎的『皇皇鉅著』，通通加起來也不及這本小冊子的分量。什麼叫經典？這才是經典。」

1929年，清華大學校長羅家倫請蔣廷黻出任清華大學歷史系主任，此後，蔣廷黻在清華大學擔任了五年歷史系主任。

何炳棣畢業於清華歷史系，他對蔣廷黻主政的清華歷史系有這樣的回憶：「當時陳寅恪先生最精於考據，雷海宗先生注重大的綜合，系主任蔣廷黻先生專攻中國近代外交史，考據與綜合並重，更偏重綜合。」何炳棣把蔣廷黻「革新和發展清華歷史系」的措施概括為四點：一、聘請雷海宗回清華主持中國通史這門基礎課，激發了學生對歷史的興趣；二、利用清華研究院為國家培養歷史學科人才——考分高、論文好的學生直接由清華出資送到國外深造；三、助教開新課前有三年的備課時間，以確保他們的教學品質；四、多次以公開考試的方法選拔人才，考分高的同學直接保送出國。

以上措施，保障了清華大學歷史系的教學品質，激發了學生們的求學興趣，培養、造就了一批頂尖的史學人才。對此，蔣廷黻也頗為滿意，他在後來的回憶中說：「如果不是因為戰爭爆發，我們能循此途徑繼續努力下去的話，我堅信：在十或二十年之內清華的歷史系一定是一個名副其實的、全國唯一無二的歷史系。……」

文人風骨

官可不做事要做

《獨立評論》的創辦起自蔣廷黻的提議。身為該刊的主要撰稿者，蔣廷黻在《獨立評論》發表的一系列政論引起蔣介石的注意。蔣看重蔣廷黻的才華，安排他出任行政院政務處長。胡適以楊萬里「在山作得許多聲」詩句，勸蔣廷黻不要做官，安心文化教育工作。蔣廷黻選擇棄學從政，他說：「我個人的去留無關宏旨 —— 我們不幹政治則已，幹則此時矣！」

1935年，蔣廷黻擔任行政院政務處長。上任伊始，蔣廷黻擬定一套改革方案。當時政府有鐵道部和交通部，但兩個部門分管的事務多有重疊，蔣廷黻建議把鐵道部改為運輸部，主管鐵路、空運、公路等，交通部主管郵政、電報、電話等，這樣，可免機構臃腫、人浮於事之弊。

經濟委員會和建設委員會不僅相互重疊，且分管工作與其他部門相似，蔣廷黻認為，這兩個部門應予撤銷。

中國是個農業大國，但當時的政府沒有農林部，蔣廷黻建議設立農林部。

1936年2月，蔣廷黻把改革方案提交上去，3月底，蔣介石一紙調令，讓蔣廷黻接替翁文灝任行政院祕書長，讓翁擔任行政院政務處長。改革方案被否決，蔣廷黻當然失望，但一年後，鐵道部和建設部還是合併了，經濟委員會和建設委員會也都撤銷了。蔣介石部分採納了蔣廷黻的改革方案。

蔣廷黻在重慶工作時，當時重慶電力不足，燈光昏黃，還時常停電。蔣廷黻提出一個節約用電辦法，就是每年4月1日將時鐘撥快一小時。孔祥熙等人強烈反對，認為不能人為改變時間。後來美國人也提出這種辦法，政府採納了這個辦法，證明了蔣廷黻的建議是可行的。

蔣廷黻對當時政府的公文辦理程序一向不滿。按這種程序，每份公文都由下級，逐層遞交到最高層，再從最高層逐一下達底層。手續煩瑣，效率低下，且形式主義嚴重：人們只關注文字是否妥當、格式是否規範、印章是否齊全，對問題是否解決卻漫不經心。蔣廷黻為解決這一痼疾，提出「分層負責」辦法：要求每個單位主管明確單位的中心工作，再將工作分配到各科室；上級賦予各科室負責人相應的權力，也讓他們承擔更多的責任，這樣一來，在挑選科室負責人時，他們會格外慎重。蔣廷黻強調，衡量一份公文好壞的標準，是看它是否完成了任務，解決了問題，而不僅僅是文字妥帖與格式規範。

對於管理方面的道德理想主義，蔣廷黻也予以批評。他說，這種道德理想主義一味要求人們為某種理想做出犧牲和對上級的無條件服從。他認為，這種道德理想主義因為所提標準太高，很容易淪為紙上談兵，另外，復古主義也會借這種道德理想主義還魂。為了宣揚這種道德理想主義，人們拉大旗作虎皮，把歷史上的所謂「聖人」搬出來唬人。當時的國民黨就不允許人們對這些所謂的「聖人」有任何的不敬和非議，但蔣廷黻指出：「除非我們能揭過去的短，我們就不能更進步，就不能生活得更理想。」

即使在當下，蔣廷黻這番具備真知灼見的話，也頗有現實意義。

蔣廷黻的從政生涯並不順暢，他提出的很多方案，很少被採納。他在一篇文章中寫道，懷抱理想走入政界者，往往很快就會感慨：「在中國作官可以；作官而要同時作事，很困難；作事而又認真，很危險；認真而且有計畫，那簡直不可能。」他在文中還指出，作官者，敷衍、通融就會穩步高升：「官場最不可缺的品格是圓滑，最寶貴的技術是應付。」他不無憤激地說：「這種自然的淘汰是淘汰民族中之強者、有能為者，保留

民族中之弱者、庸碌無能者。」

寫這篇文章時，蔣廷黻尚未從政，而他後來的從政經歷彷彿就是為了驗證他的這段先見之明。

儘管官場汙濁，但蔣廷黻不以「愛惜羽毛」為藉口離開官場，更不選擇同流合汙，而是投身其中，倡導「改革」：「在這個當下，我以為我們要首先改革我們的人生觀。圓滑、通融、敷衍以及什麼消極、清高，都應該打倒。」

蔣廷黻認為，知識分子不能因為官場汙濁而選擇躲入書齋，「獨善其身」，而是要積極行動起來，用他的話來說就是「做事」：「我們要做事。我們要修路，要治河，要立鍊鋼廠，要改良棉種麥種，要多立學校，立更好的學校。我們要作事，吃苦要作事，捱罵也要作事。官可不作事要作。別的可犧牲，事業不可犧牲。作事的人，我們要擁護、要崇拜。說便宜話（為獲得好處而輕易稱讚別人的話）的人，縱使其話說得十分漂亮，我們要鄙視。」

思考讓他獨具慧眼

蔣廷黻在美國留學「最後一站」是哥倫比亞大學。一開始他讀的是新聞學，他認為報界輿論能影響國家政治，想透過寫社論的方式來影響、改變中國社會。讀了一階段，他覺察到新聞人對社會的了解比較膚淺，他們所思所想所觀察的都是社會表層；倘若想在政界扮演重要角色，首先要懂政治，於是他轉學政治，但很快他又發現專攻政治也不能深刻了解政治，這道理有點類似「不識廬山真面目，只緣身在此山中」。從哪方面入手才能全面、深刻地了解政治？經過思索、研究，他得出的結論

是：「欲想獲得真正的政治知識只有從歷史方面下手」。於是他轉攻歷史，主攻方向由新聞轉向政治再轉向歷史。蔣廷黻每一次選擇都源自深思熟慮。

入讀哥倫比亞大學之前，蔣廷黻在歐柏林就讀，這個學院宗教氣息濃。教會在這裡募捐時偶爾談及中國的窮，在此留學的中國學生覺得有傷尊嚴，對此很反感。但蔣廷黻認為，這種反感是不對的。因為當時的中國確實很窮，這些中國留學生對中國的貧苦比誰都清楚，但出於「家醜不外揚」的心理，他們不願讓美國教士將此公開化。而這些留學生們私底下談及中國窮困，語言激烈程度遠超外國教士。由此，蔣廷黻意識到，留學生反感外國人說中國不好，一是出於「家醜不外揚」心理，一是因為他們遠離中國，把中國理想化了。蔣廷黻據此斷言：「凡是在國外的人都較為愛國，這可能是一條不易的真理。」

是不是真理，我們姑且不深究，但任何時候對任何事，思考有助於我們變得深刻，則確定無疑。

蔣廷黻在南開、清華教書時曾利用各種機會遊玩、考察了西安、東北、南京、杭州、上海等地。遊歷開闊了他的眼界，也讓他對中國有了更為細緻、感性的認知。遊玩中他發現一個耐人尋味的現象：上海以北以西的地方都說國語），廣東以西以北也說國語。由此，一個問題浮現在蔣廷黻腦中：為何東南沿海各省都說方言？經過思考，他給出答案：「當中原人口進入沿海地區時，當地的土著人一定就已經相當開化了，無論在人數上和文明方面均占優勢，於是中原古代的語言和當地土著的語言混合的結果就成為當地的方言。」這一極具創見的結論源自蔣廷黻的注重考察和好學深思。

1932 年，陳果夫提出一個荒唐提案，建議十年內停辦高等學校的文、法及藝術專業，將省下來的經費用於培養農、工、醫方面的人才。他的理由是中國太窮，要盡快增加經濟收入。蔣廷黻批評了這個提案。他說中國確實窮，確實應該盡快提升收入。但停辦文、法及藝術專業，專辦農工醫就能改變中國窮困的狀況嗎？蔣廷黻提醒人們，大學開設課程的目的，是滿足人類的求知欲和社會的需求。無論何地何時，人們了解、研究社會制度、人類歷史、文化來源及變遷的渴求都存在，這一渴求，使大學開設文、法、藝術專業成為必然，如果停辦，只能使教育乃至國家陷入混亂中。另外，蔣廷黻認為，人們要生活，就要去思考，大學開設文、法、藝術專業的目的之一便是訓練人們的思想。

陳果夫出於「生財」的目的，提此建議，蔣廷黻提醒對方，「教育的目的是教養全人的」。而「教育愈能教養全人，其增加生財的效力愈大」。停辦文、法、藝術專業，教育豈能達成「教養全人」的目標？顯然，陳果夫有此荒唐的急功近利的提案，不僅短視，也屬無知。

在南開、清華任教多年後，蔣廷黻發現大學存在一個觸目的問題：學生平時忙於記筆記，考試忙於背筆記，犧牲了重要程度遠甚於記、頌「筆記」的「觀察與思索」，結果，背了不少並無意義的死知識，獲益甚少。

蔣廷黻從「觀察與思索」中獲益良多，了解到「觀察與思索」的重要性，所以，當大學老師不注重培養學生「觀察與思索」能力，一味讓學生死記硬背時，他甚為不滿，便撰文批評。

雖然蔣廷黻因從政中斷了學術生涯，但他著手完成的《近代中國外交史資料輯要》使他成為中國外交史領域的開山之人，他的著作《中國近

代史》也是歷史研究者必讀的經典。

在學界、政界，蔣廷黻都是一個著名人物。身為清華歷史系主任，他的一系列針對歷史學科的改革卓有成效，清華歷史系在短時期內躋身一流，蔣廷黻居功甚偉；身為學人，他主編的《近代中國外交史資料輯要》讓他成為中國外交史領航者，他完成的篇幅甚短的《中國近代史》，奠定了他在中國近代史領域的學術地位；棄學從政後，他歷任駐蘇、駐美大使，以「知外交」名重一時，是一位重要的外交家。

青年時代，蔣廷黻即有經世致用的懷抱，希望以學術研究貢獻於政治，後來步入政界，不過得償夙願。身為書生從政的典型，他的獨特之處在於，始終注重知識的更新，堅持以理性的態度衡量和處理問題。他去世後，一位學人說：「廷黻既逝，自蔡元培、丁文江、胡適、傅斯年以來的北方學統從此絕矣。」

有學者評價蔣廷黻是專家從政的典型，就在於其將「學問」與「事功」融為一體。

文人風骨

劉半農：教我如何不想「他」

　　劉半農，1891年5月29日，出生於江蘇江陰。1912年後，劉半農在上海向鴛鴦蝴蝶派報刊投稿為生。1917年到北大任教，並擔任《新青年》雜誌編輯工作。投身文學革命，是《新青年》的四大「支柱」之一。

　　劉半農原名劉壽彭。錢穆與他是常州府中學堂的同學。府中學堂首次招生，劉壽彭是江陰縣第一名；二年級考試，劉壽彭乃全校第一；年終考試，仍高居榜首。「連中三元」，劉壽彭成了學校名人，同學們都以結識劉壽彭為榮。

　　劉壽彭成績好，思想也進步。當時，府中學堂舍監陳士辛思想守舊，對學生管理甚嚴。一次，陳士辛在辦公室裡將身為學生代表的劉壽彭訓斥了一頓。出了辦公室，劉壽彭昂著頭，大呼：「不殺陳士辛，不為我劉壽彭。」小小年紀，就顯露出桀驁不馴、剛正不屈的個性。當然，他說這句過激之語，主要還是不滿舍監的思想守舊。四年級學年考試後，劉壽彭即退學去了上海，致力於小說創作，改名半儂。後應蔡元培、陳獨秀之邀，赴北大任教，易名半農。

　　即使做了北大教授，劉半農仍然是鋒芒畢露，衝勁十足。

　　1919年6月5日。北大教授在一間簡陋的教室開會，商談挽留蔡元培校長一事。當時有位姓丁的理科教授，上臺發言。此人方言重，說話囉唆，他在臺上嘮叨了半天，底下人只聽到幾個單調的詞：今天，北大，北大，今天……正值盛夏，悶熱難當，擠在教室裡聽如此單調的長篇大論，誰受得了？這時，有人推門把劉半農叫出去。不一會兒，屋外傳來劉半農罵聲：「混帳！」裡邊的人吃了一驚，那位丁教授聽到罵聲，不

敢再囉唆，趕緊下臺。等劉半農回來說明情況，大家才知道，劉半農罵的是北大法科學長，因為他不支持學生運動。沒想到歪打正著，聲東擊西，屋外發炮，擊中了屋內的丁教授。後來，劉文典對人說，他特別感謝劉半農那句「混帳」。因為當時他實在無法忍受丁教授的囉唆，正準備上臺給他一個嘴巴（打耳光），再低頭道歉。劉半農一句「混帳」救了他。

劉半農有「金剛怒目」的一面，也有「菩薩低眉」的時候。遇到壞人壞事，劉半農是怒髮衝冠的鬥士，而在親友眼中，他又是一個溫和善良的書生。

「有一顆善良的心」

劉半農性格剛強，但心地非常善良。劉半農和朱惠訂婚後，一次，劉半農在岳家偶然看到未婚妻穿的是纏足的繡花鞋。回家後，他問祖母，女孩為何要纏足？祖母說：「女孩不纏足就嫁不出去了。」劉半農就說：「她已經和我訂婚了，也不必擔心嫁不出去了，何必吃這個苦。」他要祖母通知岳母，不要讓女兒纏足。岳母聽到未來的女婿說這樣的話，當然高興，因為她也不想讓女兒遭這份罪。能對女性纏足之苦感同身受，足以證明劉半農之善。

結婚後，朱惠兩次流產。劉半農父親以為兒媳沒有生育能力，為延續劉家香火，他命令兒子納妾。劉半農當然拒絕了父親的「美意」，為讓妻子不受大家庭的氣，他把妻子接到上海，脫離封建家庭，獨立生活。

劉半農深愛自己的妻子，對孩子也是慈愛有加。

女兒出生後，劉半農非常高興。女兒週歲那天，他抑制不住欣喜之情，為女兒寫了一首詩：〈題小蕙週歲日造像〉

你餓了便啼,飽了便嬉,
倦了思眠,冷了索衣。
不餓不冷不思眠,我見你整日笑嘻嘻。
你也有心,只無牽記;
你也有眼耳鼻舌,只未著色聲香味;
你有你的小靈魂,不登天,也不墮地。
呵呵,我羨你!我羨你!
你是天地間的活神仙!
是自然界不加冕的皇帝!

字裡行間充溢著對女兒濃得化不開的愛,也流淌著一個年輕父親難以掩飾的歡喜。

為了進一步深造,讓自己的知識更具系統,劉半農決定去英國留學。他不想和妻女分開,便舉家前往英國。赴英途中,船在香港作了短暫停留。劉半農帶著長女劉小蕙遊覽了太平山,並寫下〈登香港太平山〉一詩:

登上四望,叢嵐繞足,白雲漫漫:
下不能見地,上不能見青天。
山水濺濺,山樹摩肩。
偶從雲淡數深處,窺見遠海雲山:
海大不如鏡,山大不如拳。
稚兒歡笑奔我前,
山風吹短髮,
飄蕩白雲間。

「爾胡為乎來哉？」

跳舞拍手，心中茫然。

為折花佩胸前；

下山入海白阿母：

「今日阿爹，攜我上天。」

這首詩，既道出了劉半農對中國山河的深情，也流露出他對孩子的疼愛。

不久，妻子在倫敦生下一對雙胞胎。劉半農的生活隨即變得異常忙亂。學習任務重，家庭雜事多，劉半農根本抽不出時間來照看女兒小蕙了。結果，小蕙出去玩時常常迷路。劉半農寫了一首詩〈一個迷路歸來的小孩〉，記下小蕙的可憐、無助和父母的辛酸、無奈：

太陽蒸紅了她的臉；

灰沙染黑了她的汗；

她的頭髮也吹亂了；

她呆呆的立在門口，出了神。

她呆呆的立在門口，

叫了一聲「爹」；

她舉起兩隻墨黑的手，

說「我跌了一交筋斗」。

「爹！媽！」

她忍住了眼淚，

卻忍不住周身的筋肉

颯颯的亂抖。

她說,「媽!遠咧!遠咧

那頭!還要那頭!」

一方面,劉半農以這首詩宣洩孩子迷路為他帶來的緊張、不安;另一方面,這首詩也表明,在那樣焦頭爛額、心力交瘁的時候,劉半農也沒有忽略孩子的成長。

在倫敦的生活苦不堪言。全家五口人,全依靠劉半農那一點微薄的留學金。為了貼補家用,劉半農不得不在繁重的學習之餘,不停筆耕。儘管身陷困境,但劉半農卻毫不沮喪,他以一個男人的堅強,扛起家庭的重負,也以一個父親的慈愛,讓孩子們在「寒冷」的倫敦,享受到愛的陽光。

許是受到父親的影響,長女小蕙幼年時就樂於助人,極富同情心。劉半農一家從海外回來後,定居北京,小蕙就讀於孔德學校。一次小蕙上學時遇到一個女乞丐,央求她施捨幾個錢,說是三天沒吃飯了。小蕙很想幫助她,但口袋沒錢,正為難時,父親也路過這裡,就問什麼事,小蕙如實說了。父親就問小蕙,她三天沒吃飯了,妳還要她餓多久?小蕙焦急地說:「但我口袋裡沒有錢啊!」父親說:「辦法是有的。只是妳回家後要把錢還給我。」說著掏出幾塊錢,替小蕙給了那個女乞丐。晚上回家,小蕙找出自己的零用錢,還給父親。父親笑道:「不用還了。」還回頭對妻子誇讚女兒:「妳不要小看這孩子,倒有一顆善良的心呢!」

在中國漫長的封建社會中,女性飽受壓迫,飽嘗凌辱。劉半農在和妻子的一次談心中,道出了中國女性之苦:

「世界最苦的人類,就是妳們這班中國的女子。那一班窮苦人家的婦

女,吃朝餐,愁晚飯,她的苦惱我不忍說。

「那一班富貴人家的婦女,穿短褲,穿絲襪,天天上楊慶和老實成辦金飾,上大綸天成剪衣料;她們自以為極樂,其實比街頭的老乞婦還苦。然而我現在,不願意評論這些『描金寄生蟲』!單就你們這班中等家庭的婦女說,不必愁吃,不必愁穿,每月有三五十元至一二百元的進款,可以酌量使用,也就不能算得很苦了。然而妳們是人類,以人類應有的身分評判妳們,妳們卻苦極了:

「第一,妳們未嫁時,父母不教妳們讀書;到了十歲以後,卻急急要替妳們攀親了。人類是應當有知識的;妳們父母卻不許妳們有知識。人類對於本身,應有自由處分之權;妳們父母卻要代為處分。這是養小豬的辦法:起初是隨便養牠;養大了,便糊糊塗塗地把牠捉出圈去。」

「第二,到妳們出嫁以後,因為自己沒有知識,所以不得不以『無才』為『德』;因為不能自立,所以不得不講『三從』;因為一失歡於男子,就要餓死,所以不得不講『四德』,不得不『賢慧』,不得不做『良妻賢母』。」

「其實,所謂『無才是德』,就是『人彘』的招牌;所謂『三從』,就是前後換了三個豢主;所謂『四德』、『賢慧』、『良妻賢母』,不過是『長期賣淫』的優等評語,和那小報上所登的『房間清潔應酬周到』;『談吐伶俐,賓主咸歡』,骨底裡並沒有什麼區別!」

劉半農對中國女性之苦有如此深刻的認知,不僅在於他目光深邃,更是因為他有一顆善感的心,一副「憐香惜玉」的柔腸。

劉半農雖身居大學的象牙塔,但因為有著柔軟的心腸,他總能把同情、憐憫的目光投向那些在死亡線上掙扎的窮人。劉半農寫過這樣一首詩〈相隔一層紙〉:

文人風骨

屋子裡攏著爐火，

老爺吩咐開窗買水果，

說「天氣不冷火太熱，

別任它烤壞了我。」

屋子外躺著一個叫化子，

咬緊了牙齒對著北風喊「要死」！

可憐屋外與屋裡，

相隔只有一層薄紙！

這首詩讓我們不由得會想起杜甫那句名言：「朱門酒肉臭，路有凍死骨。」劉半農的詩藝當然不及杜甫，但他的慈悲心腸卻和杜甫一樣。

有一顆善良的心，劉半農自是樂於助人，不管何事，只要對方開口，他會盡力去幫。一次，一年輕女士擔心男友遠行忘了自己，請劉半農寫一首詩，她繡在手帕上送給男友。劉半農欣然命筆，寫下這首〈我愛君莫去〉：

我愛君莫去，莫去東海東。

海東苦風險：白浪翻蛟龍。

我愛君莫去，莫去南海南。

海南苦毒厲：蛇虎沒遮攔。

我愛君莫去，莫去西海西。

海西苦征戰：煩冤夜夜啼。

我愛君莫去，莫去北海北。

海北苦寒飢：冰雪連荒漠。

我愛君莫去，住我心坎中。

坎中何所有？熱血照君紅。

女士得此詩，歡喜不已，劉半農也因對方的快樂而欣慰不已。

「真覺妙不可醬油矣」

1905 年 10 月，《中華小說界》第 2 卷第 10 期發表劉半農譯詩〈希臘擬曲‧盜訌〉。劉半農在題記中說：「去冬十月，本界刊載啟明君所譯〈希臘擬曲〉兩首，情文雙絕。古色燦然，談者每稱為譯林珍品，……」劉半農對自己的譯作不滿，說：「啟明見之，得勿嗤為狗尾續貂耶！」由此可知，劉半農是真心佩服、敬重、信賴周作人，故一再稱對方為「畏友」，說兩人「相知甚深」。

周作人也在多篇文章中盛讚劉半農：

「在《新青年》中初見到半農的文章，那時他還在南方。留下一種很深的印象，這是幾篇〈靈霞館筆記〉，覺得有清新的生氣，這在別人筆下是沒有的。」

「承他出示所作〈靈霞館筆記〉的資料，原是些極為普通的東西，但經過他的安排組織，卻成為很可誦讀的散文，當是就很佩服他的聰明才力。」

志趣相投、惺惺相惜為兩人締結了牢固不破的友情。

一次，周作人想借劉半農的一本書《昭代名伶院本殘卷》，劉半農的回函竟是幾句唱詞：「（生）咳，方六爺呀，方六爺呀，（唱西皮慢板）你所要，借的書，我今奉上。這其間，一本是，俄國文章。那一本，瑞典國，小曲灘簧。只恨我，有了他，一年以上。都未曾，開啟來，看個端

詳。(白)如今你提到了他,(唱)不由得,小半農,眼淚汪汪。(白)咳,半農呀,半農呀,你真不用功也。(唱)但願你,將他去,莫辜負他。拜一拜,手兒呵,你就借去了罷。(下)」

周作人一向不苟言笑,老成穩重,讀到這樣的信,也不禁莞爾。

劉半農稱周作人為「方六爺」,這個「典故」出自《儒林外史》。書中有位成老爹,人很勢利,和別人聊天時,常吹噓自己見到方老五方老六了。方姓之人在當時的安徽往往是做鹽商的富翁。五四之前,劉半農和別人談話時常說自己見到魯迅、周作人了。於是,朋友們笑稱劉半農是成老爹,魯迅是方五爺,周作人是方六爺。

蘇曼殊曾把「皇后」譯成「皇娘」,劉半農寫信給周作人談他對此的看法:

「不用說這是吃英國飯的中國人譯的,所以如此雅馴而光明正大,但曼殊偏要煞風景,把 Queen 字譯作『皇娘』而不譯作『皇后』。他所以不譯『皇母』想來也因為『母』字有關雅馴罷。又不譯作『皇媽』,成者又恐怕人家誤作『老媽子』罷!唯其譯作『娘子』,使我們一想到蘇州說的『口篤娘!』真覺妙不可醬油矣。」

劉半農視周作人為翻譯大家,才會和他交流譯筆的優劣;也把他當作可親的兄長,交流時才會毫無保留,口無遮攔。

周作人和劉半農有過共患難的經歷,事見這篇〈記硯兄之稱〉:

「余與知堂老人每以硯兄相稱,不知者或以為兒時同窗友也。其實余二人相識,余已二十七,豈明已三十三。時余穿魚皮鞋,猶存上海少年滑頭氣,豈明則蓄濃髯,戴大絨帽,披馬伕式大衣,儼然一俄國英雄也。越十年,紅胡入關主政,北新封,《語絲》停,李丹忱捕,余與豈

明同避菜廠衚衕一友人家。小廂三楹，中為膳食所，左為寢室，席地而臥，右為書室，室僅一桌，桌僅一硯。寢，食，相對枯坐而外，低頭共硯寫文而已，硯兄之稱自此始。……」

寫這篇〈記硯兄之稱〉動了很深的感情。

不過，在避難期間還發生這樣一幕，劉半農沒提，周作人做了補充。當時，劉半農妻子來探望，臨走前，兩人「潛至門後，親吻而別」，周作人妻子窺個正著便悄悄告訴周作人，兩人「相與嘆息劉博士之盛德，不敢笑也」。周作人由此感嘆，胡博士與劉博士性格不同，但兩人對「糟糠」之妻的態度卻是一樣的，「足以令人欽佩」。

兩人是北大同事，志趣相投，又有共患難的經歷，關係自然非同尋常。

劉半農寫出好作品，或有了好主意，都會第一時間和周作人分享。我們知道，漢語中原是沒有「她」這個字，是劉半農為漢語貢獻了這個字。劉半農最先並未把這個想法寫成文章公開發表，只是把這一想法透露給周作人。後者在文章中替他說了出來。不過，周作人本人更喜歡用「伊」來替代「她」。劉半農堅持自己的看法，他認為，「伊」當代詞，地域很小，難求普通；「伊」表示女性，不及「她」明白；「伊」偏文言，與白話文不協調。「她」字後來的流行驗證了劉半農的看法。

2000年，美國方言學會想評選出一個世紀之字，提名的字有「自由」、「自然」、「科學」、「正義」、「ok」、「她」和「書」等。結果，「她」和「科學」進入最後一輪。最終，「她」獲得三十五票，「科學」得了二十七票。「她」成了「二十一世紀最重要的一個字」。而在中國，「她」被認為五四時期中國人發明的「最迷人的新語詞之一」。

「如君之人已不可再得」

劉半農去世後，他的墓誌銘是周作人撰寫的。周作人和劉半農是至交密友，周氏筆下的劉半農生動、傳神，如這段：

「君狀貌英特，頭大，眼有芒角，生氣勃勃，至中年不少衰。性果毅，耐勞苦，專治語音學，多所發明。又愛好文學美術，以餘力照相，寫字，作詩文，皆精妙。與人交遊，和易可親，喜談諧，老友或與戲謔以為笑。及今思之，如君之人已不可再得。」

周作人說劉半農「喜談諧」，的確，一個「諧」字可貫穿劉半農一生。

自幼年，劉半農就流露出詼諧的天性。在他剛學著記日記時，就曾自撰一副「打油」對聯：

狗屁連篇其中固有點

一語千斤難道沒得麼

那麼小的孩子竟能集自尊與自嘲於一身，罕見。

任教北大期間，劉半農還參與主編《新青年》。在給錢玄同的信中，他自認「臺柱」之一：

「文學改良的話，我們已鑼鼓喧天地鬧了一鬧；若從此陰乾，恐怕不但人家要說我們是程咬金的三大斧，便是自己問問自己，也有些說不過去罷！……比如做戲，你，我，獨秀，適之，當自認為『臺柱』，另外再多請名角幫忙，方能『壓得住座』；『當仁不讓』，是毀是譽，也不管他，你說對不對呢？」

劉半農自認「臺柱」並未過譽。參編《新青年》，推廣白話文，他和錢玄同合唱「雙簧」，錢玄同化名王敬軒，攻擊新文化，劉半農則撰文痛

加斥責。周作人認為,這一做法,雖然幼稚,但在當時卻發揮振聾發聵的作用。

不過,錢玄同後來對這一行為作了反思,認識合唱「雙簧」這種事,只能偶一為之,並覺察到劉半農有「結黨成群」的不良習氣。他在給周作人的信中批評了劉半農:

「擺倫生平有一種惡習:就是沒有屹然自立的雄心,處處要依賴人。我以為我們應該要服膺聖訓『君子和而不同』一語。譬如朋友氣味相合,『以文會友,以友輔仁』,這是很好的。要是有依賴他人的行為,有結黨成群的意味,別說做壞事,就是做好事亦是不足取。勳壽前此屢說『我們幾個謬種』,屢遭尹默之匡正,我以為尹默是不錯的。即如『雙簧』等行為,偶爾興到,做他一次,尚無妨事,然不可因此便生結黨成群之心理。」

這裡的「擺倫」、「勳壽」指的就是劉半農。

儘管四大「支柱」陳獨秀、胡適、錢玄同和劉半農後來思想上產生分歧,但在新文化運動初期,他們共同合作,並肩作戰,取得輝煌戰果的同時也結下深厚友誼。

朋友們間的批評和分歧不會影響劉半農對他們的友情,反而讓他對朋友高看一眼,因為心地坦蕩的他向來反對朋友間的相互吹捧。對於朋友間的吹捧,劉半農直言「看不慣」、「不理解」:「這種朋友對於他們的朋友,是怎樣的心理,我真推想不出。若說這樣(指相互吹捧——筆者注)便是友誼,那麼,我若有這樣朋友,我就得藉著 William Blake(威廉・布萊克)的話對他說:Thy friendship oft has made my heart to ake —— Do be my enemy, for friendship's sake.」(大意為:這種(相互吹捧)的友誼讓我難過,為了友情,批評我吧。)

劉半農的論敵充分領教了劉半農的犀利與剛猛，他的朋友們則感受到他的詼諧與親和。

劉半農給胡適的最後一封信，是請胡適在他購買的《黛玉葬花圖》上題字。

適之兄：

於廠甸中得黛玉葬花圖一幅，雖是俗工所為，尚不覺面目可憎。此已重加裱製，欲乞《紅樓》專家胡大博士題數字，將來更擬請專演葬花之梅博士題數字，然後加以劉大博士之收花印，亦一美談也。

即請大安

弟復頓首　三月十三日

請用甚小字題於畫之上方，並留出一定地位予梅博士。

胡適接到信後，因忙，沒有答覆。幾個月後，劉半農得急病去世。當胡適重讀這封信時，已是物在人亡，情何以堪。未能及時滿足好友的請求，胡適愧疚不已，他含淚在畫上題了一首詩，滿足亡友的要求：

題半農買的黛玉葬花畫

沒見過這樣淘氣的兩個孩子！

不去爬樹鬥草同嬉戲！

花落花飛飛滿天，

干你倆人什麼事！

劉半農突然去世，胡適心中不快，就把怨氣發洩到「兩個孩子」身上。

劉半農和錢玄同的交情也很深，且兩人都很詼諧，所以，一見面就

鬧。劉半農把兩人非同一般的友誼用文字記錄下來：

「余與玄同相識於民國六年，締交至今僅十七年耳，而每相見必打鬧，每打電話必打鬧，每寫信必打鬧，甚至作為文章亦打鬧，雖總角時同窗共硯之友，無此頑皮也。友交至此，信是人生一樂。玄同昔常至余家，近乃不常至。所以然者，其初由於余家畜一狗，玄同怕狗，故望而卻走耳。今狗已不畜，而玄同仍不來，狗之餘威，固足嚇玄同於五里之外也。」

劉半農和錢玄同雖是好友，但相互間的爭執也在所難免。劉半農曾應邀主編《世界日報》的副刊，錢玄同對《世界日報》早就看不順眼，得知老友竟被《世界日報》收買，自然氣不打一處來。隨即寫了封充滿火氣的信給劉半農，表明自己嚴正的立場：

「今天在一個地方看見一張六月廿二日的《世界日報》，那上面有他們從七月一日起要辦副刊的廣告，說這副刊是請您主撰的，並且有這樣一句話：劉先生的許多朋友，老的如《新青年》同人，新的如《語絲》同人，也都已答應源源寄稿。」

「我當然是您『劉先生的許多朋友』之一，我當然是『《新青年》同人』之一，我當然是『《語絲》同人』之一；可是我沒有說過『答應源源寄稿』給《世界日報》的副刊這句話。老實說吧，即使你來叫我為他們作文章，我也一定是不做的，倒不見得是『沒有功夫』，『沒有資料』。再乾脆地說吧，我是不願意拿我做的東西登在《世界日報》裡的，我尤其不願意拿我做的東西與什麼《明珠》什麼《春明外史》等等為伍的。⋯⋯」

劉半農接到信後，作了一些分辯。雖然他沒有因老友的反對而放棄副刊主編一職，但他也未因和老友爭執而傷了和氣。在給老友的信中，

文人風骨

他以一首打油詩為這次的爭執畫了一個詼諧的句號：

聞說槓堪抬，無人不抬槓。

有槓必須抬，不抬何用槓。

抬自猶他抬，槓還是我槓。

請看抬槓人，人亦抬其槓。

錢玄同讀到這首打油詩，再火冒三丈，也只能一笑置之了。

劉半農喜歡打趣別人，也習慣調侃自己。他曾請畫家王悅之為自己畫像，還做了一首〈曲庵自題畫像〉的詩：

名師執筆美人參，

畫出冬烘兩鬢斑。

桐眼註明勞碌命，

評頭未許穴窬鑽。

詩文諷世終何補？

磊塊橫胸且自寬。

藍布大衫偏竊喜，

笑看猴子沐而冠。

胡適做了一首和詩：

未見「名師」畫，何妨瞎品題？

方頭真博士，小胖似儒醫。

廳長同名姓，莊家「半」適宜。

不嫌麻一點，偕老做夫妻。

「廳長同名姓」，指安徽民政廳廳長和劉半農同名，也叫劉復。「不嫌麻一點」，指劉半農詩中有「妻有眉心一點麻」句。

不過，詼諧到油滑往往一步之遙。毋庸諱言，由於劉半農過於追求趣味了，一不留神，竟落入油滑的泥坑中。

劉半農出版過一本打油詩集《桐花芝豆堂詩集》，自序中，劉半農說：「桐者梧桐子；花者落花生；芝者芝麻；豆者大豆，此四物均可以打油。而本堂主人喜為打油之詩，故遂以四物者名其堂。」這本詩集中有不少詩竟拿學生打趣，給讀者留下不佳印象。

1933年秋，劉半農參加了北大招生考試的閱卷工作。不少學生答卷時犯了常識性錯誤，劉半農以此為題寫了不少打油詩。

有學生寫「民不遼生」，有學生寫「歐州」，有寫「倡明文化」，還有寫「苦腦」的，劉半農在詩中諷刺道：

「民不遼生」緣國難；「歐州」大戰本應當；

「倡明文化」何消說？「苦腦」真該加點糖。

在一份答卷裡，考生把「留學生」寫成「流學生」，劉半農便挖苦道：

先生犯了彌天罪，罰往西洋把學流，

應是九流加一等，麵筋熬盡一鍋油。

吳稚暉曾說，外國就像大油鍋，留學生如同麵筋，在鍋裡熬一次，回國後就身軀龐大了。

還有位考生說嚴嵩是漢朝人，給王昭君畫過像。劉半農嘲笑道：

嚴嵩分發漢朝去，畫了昭君失了真。

止水老爹開口笑：「我家少卻一奸臣。」

學生犯了錯誤，當老師的可以不留情面地批評、訓斥，但卻不該嘲笑，更不能幸災樂禍地挖苦。所以，劉半農這些打油詩發表後，喝采聲沒有，批評者眾多。魯迅就專門寫了文章，批評了劉半農的做法：

　　「北京大學招考，他是閱卷官，從國文卷子上發現一個可笑的錯字，就來做詩，那些人被挖苦得真是要做地洞，那些剛畢業的中學生……

　　「現在有兩個人在這裡：一個是中學生，文中寫『留學生』為『流學生』，錯了一個字；一個是大學教授，就得意洋洋的做了一首詩，曰：『先生犯了彌天罪，罰往西洋把學流，應是九流加一等，麵筋熬盡一鍋油。』我們看罷，可笑是在哪一面呢？」

　　魯迅和劉半農曾經是很好的朋友，但他這些跡近「惡搞」的打油詩，讓魯迅對於劉半農頗有微詞。

「如一條清溪，澄澈見底」

　　劉半農病逝後，周氏兄弟都寫了紀念文章。在周氏的共同朋友中，享有此殊榮的，不多。

　　魯迅的〈憶劉半農君〉雖褒貶分明，但流露的盡是真情；周作人的〈半農紀念〉，貌似乎淡，實則難掩沉痛。

　　兩人不約而同在文章中都提到劉半農的「真」。

　　魯迅是透過比較來突出半農之「真」的：

　　「假如將韜略比作一間倉庫罷，獨秀先生的是外面豎一面大旗，大書道：『內皆武器，來者小心！』但那門卻開著的，裡面有幾枝槍，幾把刀，一目了然，用不著提防。適之先生的是緊緊地關著門，門上黏一條小紙條道：『內無武器，請勿疑慮。』這自然可以是真的，但有些人——

至少是我這樣的人——有時總不免要側著頭想一想。半農卻是令人不覺其有『武庫』的一個人,所以我佩服陳胡,卻親近半農。」

正因為劉半農坦誠實在,魯迅才不覺其「有武庫」,才親近他。在魯迅看來,劉半農因為真誠而「如一條清溪,澄澈見底」。

身為劉半農的至交,周作人認為,劉半農有兩大優點,其一就是「真」:「他不裝假,肯說話,不投機,不怕罵,一方面卻是天真爛漫,對什麼人都無惡意。」

劉半農在北大時已經是頗有名氣的教授,為何還要吃辛吃苦去外國留學?對此,有各式各樣的說法。而劉半農自己卻老實地告訴我們,他之所以要去外國留學,是因為自己的知識不夠系統。在〈留別北大學生的演說〉裡,劉半農說:

「我到本校擔任教科,已有三年了。因為我自己,限於境遇,沒有能受到正確的、完備的教育,稍微有一點知識,也是不成篇段,沒有系統的……」

劉半農這樣的真人,從來不會往臉上貼金,相反,他總是有一說一,不管說到什麼,都是竹筒倒豆子。海外留學歸來,一次,談到自己的求學經過及將來工作,劉半農說:

「我出國的時候,是想研究文學與言語學的。不料一到國外,就立時覺得『兩者不可得兼』;於是連忙把文學捨去,專重言語學。但要說到混通的言語學,不久可又發現了預備的困難,因為若要在幾種重要的活語死語上都用上相當的功夫,至少也得十年八年,於是更退一步,從言語學中側重語音學。這樣總以為無須更退了,但不久又發現了我的天才不夠,換句話說,就是我的嘴與耳朵,都不十分靈敏,於是只得更退一

步,從普通語音學退到實驗語音學,要藉著科學上的死方法,來研究不易憑空斷定的事,正如諺語中所說的『捉住死老虎牽猢猻』。

「從這『退避三舍』的事實上,我得到了兩個教訓:第一是野心不能太大,太大了仍不免逐漸縮小;不如當初就把自己看得小些,即在小事上用水磨功夫。第二便是用死方法去駕馭活事,所謂『扎硬寨,打死仗』。以我這樣預備不充,天才缺乏的人,後來能有些一知半解的結果,就完全是受了這一個教訓的驅使。」

真誠的人,勇於面對自身缺點,並根據自身條件隨時調整人生的努力方向,如此揚長避短,堅持不懈,終有所成。劉半農就是這樣的人。

劉半農還坦承,自己喜歡研究工作,不想做教書匠,他說:「我所求之不得的,是研究的工作而不是教書的工作。教書的工作,就對人說,自然是件『嘉惠士林』的事,就對己說,說得不好聽些簡直是吃瀉藥;研究的工作,卻處處可以有興趣,處處是自己替自己作工,處處是自己受用。」

教書育人當然是神聖的工作,但劉半農鍾情於自己的研究工作也有他的道理。劉半農說「教書」「簡直是吃瀉藥」雖然不妥,但和那些口是心非、兩面三刀,臺上一套臺下一套的偽君子相比,劉半農的實話實說要中聽得多。劉半農是真誠的,真誠到,他的缺點你也一目了然。

周作人五十歲那年,做了兩首自壽詩,刊發在林語堂主編的《人間世》上:

其一

前世出家今在家,不將袍子換袈裟。

街頭終日聽談鬼,窗下通年學畫蛇。

老去無端玩骨董，閒來隨分種胡麻。
旁人若問其中意，且到寒齋吃苦茶。

其二

半是儒家半釋家，光頭更不著袈裟。
中年意趣窗前草，外道生涯洞裡蛇。
徒羨低頭咬大蒜，未妨拍桌拾芝麻。
談狐說鬼尋常事，只欠工夫吃講茶。

劉半農開玩笑說，詩是好詩，但有「瞎吹」的地方，只能算「浪漫派」，而他自認「寫實派」。確實，他的和詩幾乎完全是寫實。

其一

咬清聲韻替分家，爆出為袈擦出裟。
算罷音程昏若豕，畫成浪線曲如蛇。
常還不盡文章債，欲避無從事物麻。
最是安閒臨睡頃，一支菸卷一杯茶。

其二

吃肉無多亦戀家，至今不想著袈裟。
時嘲老旦四哥馬，未飽名鯖一套蛇。
猛憶結婚頭戴頂，旋遭大故體披麻。
有時回到鄉間去，白粥油條勝早茶。

其三

只緣險韻押袈裟，亂說居家與出家。
薄技敢誇馬勝狗，深謀難免足加蛇。

069

兒能口叫八爺令，妻有眉心一點麻。

書匠生涯喝白水，每年招考吃回茶。

其四

落髮何須更出家，浴衣也好當袈裟。

才低怕見一筐蟹，手笨難敲七寸蛇。

不敢冒充為普魯，實因初未見桑麻。

鐵觀音好無緣喝，且喝便宜龍井茶。

這些語句詼諧內容實在的詩作，如同一面鏡子，照出了劉半農的風趣與坦誠。

「一個『勤』字足蓋百種短處」

在現代作家中，劉半農的勤奮人所共知。

劉半農中學畢業後，即去上海謀生。短短三年他就發表了上百篇的小說，在上海灘名噪一時。在海外留學那幾年，他的勤奮更是無人能比。為獲得博士學位，他要修多門艱深的課程，課餘還得爬格子貼補家用，其間，家中的病妻弱女還須他照顧，除此之外，他還給自己一個額外的任務，抄寫巴黎圖書館的敦煌資料。他的勤奮讓巴黎國家圖書館的工作人員留下了深刻印象。回國前，劉半農去圖書館辭行，工作人員對劉半農依依不捨，他們說：「博士回國後，這些書再也不會有人讀，只好餵蟲子了。」

胡適、魯迅、周作人在紀念文章中都提到劉半農的勤奮，但各人的側重點卻完全不同。

劉半農：教我如何不想「他」

　　胡適說：「劉半農之死，是很可惜的，半農的早年訓練太不好，半途出家，努力做學問，總算是很有成績的。他的風格（taste）不高，有時不免有低階風趣，而不自覺。他努力做雅事，而人但覺其更俗氣。但他是一個時時刻刻有長進的人，其努力不斷最不易得。一個『勤』字足蓋百種短處。」

　　身為學術大師，胡適肯定了劉半農的勤奮，「努力不斷」，但也沒有諱言其「缺少早期訓練」，「有低階風趣」。由此可知，胡適身為「血統純正」的博士，對劉半農這種「半途出家」的教授，難免有成見。

　　魯迅在〈憶劉半農君〉的最後，飽蘸感情地寫道：「現在他死去了，我對於他的感情，和他生時也並無變化。我愛十年前的半農，而憎惡他的近幾年。這憎惡是朋友的憎惡，因為我希望他常是十年前的半農，他的為戰士，即使『淺』罷，卻於中國更為有益。我願以憤火照出他的戰績，免使一群陷沙鬼將他先前的光榮和死屍一同拖入爛泥的深淵。」

　　魯迅對身為戰士的劉半農讚賞有加，對他後來的保守和頹唐則極為不滿。在魯迅眼中，十年前的劉半農和十年後的劉半農判若兩人。十年前，劉半農的「勤」於中國有益；十年後，劉半農的「勤」，比如寫打油詩，為賽金花寫傳，給梅蘭芳做廣告等等，在魯迅眼中，全是無聊而油滑的行為，於國無補，於人無益。

　　因為「勤」，劉半農在各方面都有所涉獵有所建樹。周作人很稱道他廣博的雜學：「他的專門是語音學。但他的興趣很廣博，文學美術他都喜歡，做詩，寫字，照相，搜書，講文法，談音樂。有人或者嫌他雜，我覺得這正是好處，方面廣，理解多，於處世和治學都有用，不過在思想統一的時代自然有點不合式。」

文人風骨

周作人褒獎了劉半農學問之雜，暗地裡也朝「左」翼文人放了一支冷箭。因為，正是思想激進的「左」翼文人把劉半農辛勤做事看成是無聊乃至「幫閒」的。周作人在文中還寫了首詩：漫雲一死恩仇泯，海上微聞有笑聲。空向刀山長作揖，阿旁牛首太猙獰。

這裡的「作揖」，典出劉半農散文〈作揖主義〉。周作人言下之意是：儘管劉半農生前提倡「作揖」，主張寬容，但他的論敵在其死後依舊不依不饒，罵他保守、頹唐、消極。

著眼於劉半農的勤，三位文壇「掌勺」人，「烹飪」出了風味不同的「佳餚」。

筆力千鈞橫掃舊禮教，擎天一柱撐起《新青年》。異域苦讀，磨杵成針；紙墨生涯，握筆為劍。劉半農的人生雖短暫卻壯闊。1934 年，正值人生盛年的劉半農，冒著酷暑遠赴內蒙古調查民俗與方言，因蚊子叮咬，不幸染上「回歸熱」（Relapsing fever）而英年猝死，一如勇士死於沙場。這樣的勇士，這樣的先輩，「教我如何不想『他』」。

楊憲益：做個堂堂正正人

楊憲益出生於膏粱錦繡之家，父親貴為天津市銀行行長，家產豐厚，婢僕眾多。楊憲益五歲那年父親因病去世，但這位行長為家庭留下大筆財產。只要楊憲益願意，他完全可以繼續揮金如土地生活，但他卻選擇了顛沛流離、艱苦樸素。戰爭年代，楊憲益拿出自己名下的那筆財產，為中國購買了一架飛機。

楊憲益喜歡「杯中物」，但不愛「阿堵物」，一直到老都如此。晚年，楊憲益寓所窗前有一棵所謂的「發財樹」，他順手寫下一首詩：

窗前發財樹

長大礙門戶

無官難發財

留作棺材木

曾經錦衣玉食的公子哥，卻視名利如敝屣，令人嘖嘖稱奇，也令人肅然起敬。

身為牛津大學的高材生，楊憲益本可以在國外過上優裕舒適的生活，但拿到學位後，他卻毅然回到戰火紛飛的中國。他說，我是中國人，理應和中國一道受難。

有段時間，楊憲益遭受了不公正待遇，但他毫無怨言，把家中收藏多年的文物、古董捐給了博物館。他對中國的感情未因一己的「偶遭得失」有絲毫改變。

楊憲益和妻子戴乃迭一道將中國的大量文學作品翻譯成英文，有人

文人風骨

稱道他翻譯了整個中國，而他堅辭「翻譯家」稱號，只承認自己是「木工」一樣的「翻譯匠」。

楊憲益淡泊寧靜，與世無爭，又充滿正義，堅守原則。壁立千仞，無欲則剛；海納百川，有容乃大。楊憲益腰桿硬，從不摧眉折腰事權貴；心胸寬，看淡了多少屈辱與辛酸。

1993年，楊憲益寫下了一首題為〈自勉〉的詩：

每見是非當表態，

偶遭得失莫關心。

百年恩怨須臾盡，

做個堂堂正正人。

楊憲益跌宕起伏、充滿傳奇色彩的一生為「堂堂正正人」做了最好的詮釋。

願得身化雪，為世掩陰霾

楊憲益幼年時，家中請了一位老塾師教他讀儒家經典，學寫古典詩詞。十歲的楊憲益就讀懂了《楚辭》。至於對對子和平仄四聲，在老師的指點下，楊憲益花一兩天就掌握了。他順嘴說出的一句對聯，「乳燕剪殘紅杏雨，流鶯啼斷綠楊煙」，受到老師的激賞。後來回憶這段生活，楊憲益說：「塾師認為我是他教過的學生中最優秀的一個，他期盼我有遠大的前程。」

楊憲益十三歲那年，塾師自覺再沒本領教這個天資非凡的孩子了，家人便將他送入法租界內一家教會學校──天津新學書院。楊憲益在這

所學校攻讀了七年。

那時的中國積貧積弱，日本已占領瀋陽。楊憲益母親送幾個孩子上學時總會囑咐一句：「好好唸書啊，日本人都欺負到頭上來了。」從那時開始，楊憲益就成了一個堅定的愛國主義者。

五卅慘案爆發時，為抗議英國人濫殺無辜，剛上初中的楊憲益就和同學們舉行了兩次罷課。為反抗日本染指東三省，楊憲益自己出錢請老師指導他們軍訓。楊憲益還以一首酣暢淋漓的古風〈雪〉抒發其愛國熱情和凌雲之志：

積雪滿空庭，皎皎質何潔。

安得雪為人，安得人似雪？

安得雪長存，終古光不滅？

願得身化雪，為世掩陰霾。

奇思不可踐，夙願自空懷。

起視人間世，極目滿塵埃。

晚年談及這首熱情洋溢、意氣風發的少作，楊憲益說：「我當年只有十七歲，充滿了少年的狂想。但我的詩中流露出了強烈的愛國主義和革命心願，或許也預示出我後來將要踏上的道路。」

1937年抗日戰爭全面爆發，當時楊憲益在牛津讀書，他和其他一些中國留學生，組織了一次集會。會上，楊憲益慷慨陳詞，言辭激烈地抨擊了窮兵黷武的日本軍國主義。會後，楊憲益還和朋友一道為深陷戰火中的中國募捐。儘管有個別教授，對拿著禮帽募捐的楊憲益側目而視，但他卻泰然自若。

在其他場合，楊憲益也充分利用機會，宣傳抗日，以爭取更多的英

國人同情、支持飽受戰爭之苦的中國人民。一次，在某酒館，楊憲益和當地工人玩飛鏢，有好幾次擊中靶心。工人們很敬佩，把他舉起來放在一張桌子上，圍著他高喊，要追隨楊憲益，去中國參加游擊隊，打擊日本侵略者。多年後，楊憲益回憶起這件事，仍難掩激動之情，說：「那是個令人振奮的場面。」

當時，倫敦的中國留學生大多投入宣傳抗日的活動中，楊憲益是這一活動的領導者。為了揭露日本人在中國所犯下的滔天罪行，讓更多的當地居民了解日本的侵略行徑，楊憲益還辦了一份簡報《抗日時報》，每期印八百份，在倫敦東區散發。1938年，楊憲益又辦了一份雜誌《再生》，譴責日本侵略，分析戰爭形勢。楊憲益把這份雜誌分送給英國各大機構，甚至寄了一份給日本駐天津衛戍司令部，可謂以筆代劍，直插黃龍。當平型關大捷的消息傳到英國後，楊憲益又高興又振奮，以最快的速度，為這次大捷創作了一部獨幕劇。

楊憲益後來告訴朋友，1937年夏末到1938年初春，他把大部分時間都用於宣傳抗日，為此影響了學業。楊憲益後來只拿到三等的學位，他等不及參加畢業典禮，就離開倫敦，回到中國。他說：「我知道，回到中國，我不會有機會過平靜的書齋生活。我是中國人，我知道自己必須回去為中國效力。如果我放棄中國國籍，留在國外，我將對自己的行為感到十分羞恥。」

楊憲益是和女友戴乃迭一道回國的。在居住於重慶的母親的安排下，他和乃迭舉行了婚禮。本來，楊憲益夫婦想去西南聯大任教，但母親不願意和兒子兒媳分住兩地。當時，楊憲益的母親和妹妹租住的房子是中央大學校長羅家倫的，在羅的介紹下，楊憲益夫婦得以在中央大學柏溪分校任教，楊憲益任副教授，戴乃迭為講師。

由於楊憲益夫婦思想進步，校方越來越不滿他倆的言行。一次，有學生問戴乃迭對大學生中的三青團有何看法，戴乃迭說，她不喜歡這類組織，因為這使她想起納粹德國的蓋世太保。她這句話只表明了對極權主義的不滿，但學生們認為她反對國民黨政府。於是，校內有了關於戴乃迭的各種流言。這種情況下，楊憲益夫婦不得不離開柏溪分校，另謀出路。此後，在戰火蔓延的中國，這對夫婦，輾轉各地，換了一家又一家單位：貴陽師範學院、光華大學、中印學會、國立編譯館。

歷盡滄桑人未老

二十世紀可謂風雲激盪，狼煙四起，楊憲益身逢其時，他的一生歷經坎坷，險象環生，雖跌宕起伏，卻也多姿多彩。

1934年楊憲益中學畢業，在家人的支持下，他決定去英國留學。當時，他的一位英國老師也要回國。這位老師很喜歡楊憲益，自告奮勇帶楊憲益去英國。不過，這位老師打算先去美國遊覽，再從那裡回倫敦。這樣，楊憲益就隨著老師先去了美國。

在美國遊覽時，一天早晨，早早起床的楊憲益去旅店旁邊的一個公園散步。沒想到，一個衣衫襤褸的中年男子突然走到楊憲益旁邊，擺出拳擊的姿勢，彷彿要擊打楊憲益。楊憲益情急之下，也攥緊雙拳護著自己的臉。沒想到對方突然笑了，放下拳頭，對楊憲益說：「老弟，你正是我要找的人。我對你提個建議，如何？」楊憲益餘悸未消，壯著膽子問：「什麼建議？」

原來，此人是拳擊經紀人，他本在當晚安排有一場輕量級拳擊賽，一位黑人選手挑戰一位白人選手。沒想到，黑人選手病了，無法參賽。

文人風骨

　　經紀人一籌莫展，恰好看到一位黃皮膚的亞洲人，就想試試對方是否懂一點拳擊，現在，他從楊憲益的反應中感覺這位年輕人可以試一試。他告訴楊憲益，他願意支付美金兩百元，只要楊憲益答應晚上和那位選手打上幾個回合。在當時，兩百美元可是一筆可觀的數目，但楊憲益出生富家，不缺錢，而且他也沒練過拳擊，就斷然拒絕了對方的建議。後來，楊憲益這樣解釋他的「臨陣逃脫」：「我總不能被打得鼻青臉腫去見我的老師吧。就這樣，我錯過了在美國參加一場拳擊比賽的機會。」

　　後來在英國，楊憲益又多次經歷這樣讓人啼笑皆非的事。

　　如果這些插曲只能讓人付之一笑的話，那麼，楊憲益回國後的一些經歷，就足以讓人驚心動魄了。

　　楊憲益和戴乃迭婚後曾應邀赴教育部副部長杭立武家宴。那天晚上可謂高朋滿座、貴客雲集。楊憲益夫婦是當晚僅有的沒有官銜的客人。宴會結束，夜已深了。楊憲益夫婦就找了一家旅館住下。沒想到，半夜有警察查房。楊憲益告訴對方自己是中央大學教授。警察看到他身邊躺著一個外國女人，覺得這兩人非常可疑，就大聲咆哮：「這外國女人是誰？」楊憲益答：「我太太。」警察繼續追問，兩人何時何地結婚？因為頭天晚上喝了酒，再加上還沒睡醒，兩人根本不記得結婚的具體時間和地點。警察得意了，冷笑一聲，說：「同志，我怕是必須讓你跟我到警察局走一趟了，也好把問題弄清楚。」楊憲益意識到問題嚴重了，因為當時國民黨警察，只有在懷疑對方是共產黨時才會說「同志」。於是他只得說自己認識教育部副部長杭立武，當晚就是從他家出來的，又提了其他幾位國民黨高官的名字。警察遲疑了一下，迅疾改變了態度，對楊憲益夫婦敬了一個軍禮，說：「沒事了，先生。剛才你沒說清楚。」

楊憲益很慶幸這一次的轉危為安,他知道,一旦自己應對有誤,被祕密拘捕,到時候就是渾身是嘴也說不清了。

楊憲益夫婦在貴陽師範學院任教不久,戴乃迭去了成都待產。一次,楊憲益先去重慶看望母親,再從那裡趕往成都照料妻子。戰爭時期,交通不便。楊憲益費盡周折,只找到一輛運送郵件的卡車。楊憲益爬上卡車後部裝滿郵件的行李架,高踞郵包頂端。楊憲益把自己和郵包捆在一起,這樣就不會從車上摔下來了。當晚,司機在情婦家喝酒打麻將鬧了大半夜,但為趕路,天不亮就出發了。沒想到,半路上壓死了一個睡在馬路上的士兵。士兵的夥伴們大聲喝令:「停車,你壓死了人!」司機不敢停車,反而加大了油門。後面的士兵拉動槍栓,發狂地喊叫:「停車!再不停,就開槍!」楊憲益位居郵包頂端,士兵開槍,他首當其衝。在那千鈞一髮之際,司機停車了。楊憲益這才撿回一條命。

一番交涉,士兵的長官提出要司機賠兩百大洋。司機答應,但他手邊沒有這麼多錢,得回情婦家去拿。長官不放心,說:「我放你走,你一去不回,我怎麼辦?」司機看到楊憲益,提出一個辦法,說:「這位先生是大學教授,我把他留下來作抵押。這下你該相信我肯定會回來吧。」就這樣,楊憲益留下當人質,司機回去取錢。在等待司機取錢的那段時間,長官和楊憲益都很緊張、焦急。楊憲益知道,一旦司機有去不回,士兵們恐怕會拿他出氣。在焦急的等待中,時間一分一秒過去了。萬幸的是,到吃中飯時司機帶著兩百大洋回來了。長官也沒想到這麼順利就能拿到一大筆錢,很高興,還請司機和楊憲益大吃一頓。分手時,大家親熱得彷彿是老朋友。

高踞郵包頂端,成為眾矢之的,只要司機慢一秒停車,楊憲益就會死於槍林彈雨。後來對朋友們談起這次死裡逃生,他說:「那麼多槍瞄準

我，我沒有一點害怕。」這並非虛言，也未誇張，因為早在1932年，身為一個高中生，他就在詩歌〈死〉中表達了對死亡的無所畏懼：

> 生死為晝夜，鑄毀不知倦。
>
> 生時同交歡，死後不相見。
>
> 如夢幻泡影，往來如驛傳。
>
> 兒生人慶幸，老死人弔唁。
>
> 實則生與死，無憂無歡忻。
>
> 死亦不足惜，生亦不足戀。

1946年夏天，楊憲益一家跟隨編譯館搬遷至南京。編譯館為全館員工僱來一艘船。船上空間小，客人多。所有人只能躺在狹小的空間中，難以動彈。船上沒有盥洗設備，孩子身上都長滿了疥瘡。船在三峽附近時，有人說，此地強盜出沒，有綠林好漢會從山上下來搶東西，好在這一幕並未發生。船過三峽時，有船員警告，此間水深浪急，一不留神，就會船翻人亡。過三峽時，大家屏聲斂氣，躺在舖位上，一動也不敢動，終於平安度過。但這艘船後面的那艘裝滿行李貨物的船，卻因起火而沉沒了——楊憲益大量的書籍和行李就放在那艘船上，毀於一旦。書籍和行李燒毀了固然可惜，但萬幸的是，楊憲益一家不在那艘船上。身逢亂世，命懸一發。這樣的險境，楊憲益多次遭遇。

境遇忽好忽壞，但楊憲益卻能以不變應萬變。任你世事如何變幻，我自優哉遊哉穩坐釣魚臺。窮則掃廁所，達時忙翻譯，把時間「浪費」在勞動中，生命就不會沒有價值！

早期比翼赴幽冥，不料中途失健翎

1934年，楊憲益跟隨老師去英國留學，1940年學成回國時，他身旁多了位金髮碧眼的英國姑娘——女友戴乃迭。

楊憲益的一位同學介紹他認識了戴乃迭，這位同學和楊憲益同時愛上了這個聰慧善良的英國姑娘。戴乃迭選擇了楊憲益。戴乃迭後來對人說，楊憲益對中國的感情深深地打動了她。結婚後，這位「有一顆金子般的心」的英國女性一直把丈夫的國家當作自己的國家。和楊憲益結婚後，戴乃迭經歷了動盪不安的一生，飽經戰亂之苦，慘遭喪子之痛，蒙受不白之冤，但她從未後悔自己的選擇，也從未改變自己對中國的感情。

楊憲益和戴乃迭都喜歡交朋友，家裡總是高朋滿座，熱鬧非凡。戴乃迭喜歡端一杯酒坐在一旁聽朋友們聊天，偶爾也插一句話活躍氣氛。一次，大家談到「大躍進」時，戴乃迭說：「領導當時也要我翻（番）一翻。」一句巧妙的雙關，逗得大家哈哈大笑。

「文革」中，有人要戴乃迭揭發楊憲益的罪行，她說：「他是世界上最好的人，沒有罪行，我非常愛他，怎麼能揭發他？」

在寫於晚年的未完成的自傳中，戴乃迭再次表達了對楊憲益的愛。她說：「不同於許多的外國友人，我來中國不是為了革命，也不是為了學習中國的經驗，而是出於我對楊憲益的愛、我兒時在北京的美好記憶，以及我對中國古代文化的仰慕之情。」

楊憲益非常喜歡古希臘文化，曾立志做一個研究古希臘的學者，但為了妻子他放棄了自己的理想。因為戴乃迭喜歡翻譯，楊憲益便協助她從事這項工作。兩人聯手將中國的數百種古典、現代作品翻譯成英文，有人稱讚他們「翻譯了整個中國」。

文人風骨

1993年，香港大學授予楊憲益名譽文學博士學位，但他對此卻了無興趣，因為當時戴乃迭已身染沉痾。當校方特地將他的那件博士服寄給他後，楊憲益以詩作答：「多謝斑斕博士衣，無如心已似寒灰。」

1999年，戴乃迭去世後，楊憲益以一首詩抒發了內心的哀痛：

早期比翼赴幽冥，不料中途失健翎。

結髮糟糠貧賤慣，陷身囹圄死生輕。

青春作伴多成鬼，白首同歸我負卿。

天若有情天亦老，從來銀漢隔雙星。

在一次記者訪問中，楊憲益承認，自己的人生已沒有意義。記者問：「你這樣想，是因為夫人不在了？」楊憲益答：「是。」記者又問了一句：「如果她還在你身邊的話，你可能不會這麼想？」楊憲益答：「那也許我會願意再活一百歲。」

第二年，這個記者再次採訪楊憲益，問戴乃迭有沒有墳墓，楊憲益回答：沒有。記者問：那骨灰呢？楊答：扔掉了。記者問：您沒有保留？楊彈了彈菸灰，說：骨灰就像這香菸灰，留著有何用？記者不解，再問：若到了戴先生紀念日那天……楊憲益明白對方的意思，立即回答：我哪一天紀念她都可以，我用不著費那個事記著什麼紀念日。

情深如此，夫復何言！

戴乃迭天性善良，氣質優雅，談吐風趣，而且像愛母親那樣深愛著中國，即使身陷牢獄，也不改初衷。她去世後，楊憲益妹妹楊敏如寫了一篇文章，深情懷念這位高貴的嫂子：「我的畏友，我的可敬可愛的嫂嫂，你離開這個喧囂的世界安息了。你生前最常說的一句話是『謝謝』。」

有酒有菸吾願足

楊憲益一生有三愛：中國、妻子與美酒。痛快時，一醉方休；痛苦時，以酒澆愁。好友吳祖光曾贈他一副對聯：

何如一醉便成仙

畢竟百年都是夢

楊憲益則回贈一首詩：

漫勞知己賜佳聯，過獎身如上九天。

一向菸民常短命，從來酒鬼怕成仙。

無才豈是真名士，缺德難希古聖賢。

盛世不宜多講話，只愁餬口少銅錢。

晚年，妹妹擔心哥哥的身體，勸楊憲益說：「你別喝酒，做『酒仙』啦。」楊憲益立即回答：「那就做酒鬼。」可見，酒，是須臾不能離的。

楊憲益這輩子，與酒之緣，雖然不比與戴乃迭之緣更深，但肯定更早。中學時代，楊憲益就寫下這樣的詩句：常置一壺酒，可以守吾真。而在人生暮年又留下這樣的自畫像：

少小欠風流，而今糟老頭。

學成半瓶醋，詩打一缸油。

恃欲言無忌，貪杯孰與儔。

蹉跎慚白髮，辛苦作黃牛。

對楊憲益來說，人生沒有酒，就像大地沒有花，夜空沒有星那樣難以忍受。不過，酒，既沒有消磨他的意氣，也沒有麻木他的神經。相

反，對他來說，入口酒常化作熱心腸：酒酣耳熱之際，正是揮斥方遒之時。痛飲之後，佳句迭出：「千金一擲豪門宴，川北江南正斷糧。」「舉世盡從愁裡老，此生合在醉中休。兒童不識民心苦，卻道天涼好個秋。」

蘇東坡是「一蓑煙雨任平生」，楊憲益沒有那麼風雅，他自謙不會寫詩，只會飲酒。對他來說，這句話也許要換作「一杯美酒任平生」。

李白斗酒詩百篇，而楊憲益斗酒後留下了一粒粒「銀翹解讀丸」——他曾如此戲說自己的「打油詩」——「早無金屋藏嬌志，幸有銀翹解讀丸」。

他的這些酒後「解毒丸」，雖然並未全部發表，但卻在朋友間流傳不衰，就連身居象牙塔裡的錢鍾書讀後也不禁頷首。

淡泊如同陶淵明，達觀不讓蘇東坡，豪放堪比李太白，而愛國愛民憂時傷世則一如杜子美，這樣的楊憲益，能不讓人可親可愛更可敬？難怪文化界有這樣的說法：「生不願封萬戶侯，但願一識楊泗州。」（楊憲益祖籍安徽泗縣）

學者風範

學者風範

賈植芳：要把「人」字寫端正

早年，身為一個抗日青年，賈植芳出生入死，毫不畏懼。身為「七月派」重要作家，他勤奮創作，寫出大量的優秀之作，奠定了在文壇的地位。1949年後，他屢遭重創，一路坎坷，但他愈挫愈勇，從未退縮。難得的是，無論身處何種境遇，賈植芳都堅守自己的原則：活得像一個人。

聽從良知的召喚

1916年農曆九月初三，賈植芳出生於山西呂梁山區的襄汾縣南侯村一個地主之家。

賈植芳的父親只是一個普通的地主，但他的伯父是一個精明的商人，在濟南開了一家公濟煤油公司。賈植芳和哥哥讀完私塾後，伯父打算資助賈植芳哥哥去北京讀中學、大學。那時候在北京讀書開銷大，伯父儘管有一家公司，但同時資助兩個孩子赴京讀書也吃力。賈植芳哥哥老實聽話成績好，伯父覺得他是讀書的料，至於賈植芳，伯父建議他投奔西北一個親戚學做生意。賈植芳母親聽了這話，跪下來說：「大哥，你只供老大唸書，不供老二唸書，這使不得！要念兩個就一起念，不念就都不念了。」

關鍵時刻，母親為他爭取了赴京讀書的機會。

賈植芳在北京雖然考入一家教會學校讀書，但因思想進步，經常參加愛國活動，「一二·九」運動中，被當局當作「共產黨嫌疑犯」抓入牢中。當時他只有十八歲，嘗了近三個月的鐵窗滋味，伯父到處找人，用

一千塊大洋和五十兩鴉片，把他保了出來。監獄放他出來時還要求他「隨傳隨到」。伯父怕賈植芳待在北京繼續鬧事，乾脆花錢買了一張北平朝陽大學法律經濟系的文憑，再託關係弄來一張赴日簽證，送他去日本讀書。

臨行前，伯父囑咐他：「你到了日本住上五年，每年我給你一千元到一千五百元，你腦筋好，就學醫科；腦筋不好，就學銀行管理，將來回國後我對你都好安排。千萬不要再參加政治活動了。你在中國參加這類活動犯了案，雖然我不認識官，但我有錢，官認識錢，我還可以花錢把你保出來；你若是在日本鬧政治，被日本警察抓去，我花錢也沒有地方花。還有，你千萬不能娶日本老婆，因為生下小孩是雜種，是進不了祖墳的。」

伯父的諄諄告誡，賈植芳只遵守了最後一條。

賈植芳剛到日本，就加入了李春潮、覃子豪等人組成的文藝團體文海社，編輯出版大型文學刊物《文海》，宣傳愛國思想，刊物很快被日本警察沒收，賈植芳也成了日本警方關注的「危險分子」，不時會有日本警察突然襲擊搜查他的宿舍。賈植芳沒有聽從伯父的安排學醫學或金融，而是選擇了日本大學社會專修科，師從園谷弘教授研究中國社會問題。

賈植芳赴日一年半後，七七盧溝橋事變爆發，日本悍然發動全面侵華戰爭。祖國受難，賈植芳和很多愛國學生一樣，再也無心讀書，就買了英國遠洋輪船公司的船票，離開了日本，在香港下船，準備回國參戰。伯父得知他離開日本很不高興，連忙託人通知他暫留香港。伯父勸他說，根據自己多年的經驗，這次中日之戰不一定打起來，一旦戰事平息，賈植芳可從香港回日本繼續讀書。至於留港費用，伯父讓他去找中國銀行香港分行經理，此人是伯父的朋友，會負責他的日常開支。不

學者風範

久,「八一三」戰事愈演愈烈,伯父看形勢不妙,再次寫信給賈植芳,囑咐他千萬不要回國。伯父說,你一個人是救不了國家的,這場戰爭也不知何時能結束,你要麼留在香港,把大學讀完;要麼到歐洲的比利時或法國,讀三五年書再說。生活、讀書費用一切由伯父承擔。

賈植芳承認,伯父為他的安排十分周全,當時他的一些同學也選擇了留港或赴歐洲讀書,但那時的賈植芳滿腔熱血,只想回國抗敵,對伯父的苦心安排頗為反感。那些選擇留港、赴歐洲讀書的同學在賈植芳眼中無異於「冷血動物」,他自然不屑與他們為伍。賈植芳再次違背了伯父的安排,毅然回國。當時,國共合作,國民黨為吸引海外留學生回國抗戰,設立了一個「中央政治學校留日學生特別訓練班」,賈植芳和幾位一道回國的同學參加了這個訓練班,開始了一段異常艱辛而又危機四伏的生活。國共關係破裂後,賈植芳幸運地逃出虎口,輾轉在西北一帶,繼續抗日。

1945年,賈植芳在濟南見到了伯父。見到風塵僕僕、面容憔悴的賈植芳,伯父頗為心疼,再次為他指路,說:「你這幾年東闖西蕩,盡惹禍,還不如去當八路,像你哥哥那樣。要不,你就留下,在我商行裡當個副經理,學幾年。以後我的產業也好留給你來經管。咱家世代經商,不能到你們這一代就斷絕了。」伯父還準備把家產(存款和土地)分一部分給賈植芳。賈植芳那時身無分文,居無定所,但他沒有接受伯父的好意,說:「伯父,你出錢培養我讀書,就是讓我活得像個人樣,有自己獨立的追求。如果我要當個做買賣的商人,我就是不唸書跟你學,也能做這些事,那書不是白唸了嗎?」

賈植芳一次又一次拒絕了伯父為他安排的錦繡前程,踏上一條滿是荊棘的坎坷之路,歷經磨難,九死一生,但他從不後悔。他說:「我選擇

了我自認為是正確的生活道路,這是我那個做買辦的伯父始料不及的。在我一生的道路中,伯父每每在我受盡厄難時出現,像一個智慧老人似的點撥我的前程。但是冥頑不靈的我,往往只接受他對我物質上的援助,卻推開他對我精神上的指導,在家訓和良知之間,我總是服從後者的召喚。」

出於道義的擔當

1937年春天,賈植芳在東京神田區的內山書店看到了上海生活書店出版的《工作與學習叢刊》,連續兩期都刊登了魯迅遺作。其他作者有:景宋、胡風、許壽裳、李霽野、艾青、茅盾、蕭軍、張天翼等人。賈植芳從編輯風格和作者陣容看出,這本期刊延續的是魯迅開創的五四文藝傳統,於是他把自己寫於1936年的一篇小說〈人的悲哀〉投了過去。兩個月後,賈植芳收到了這部期刊的最新一期,自己的小說刊登在上面。賈植芳這才知道,原來這本刊物的主編是胡風。在編後記中,胡風還對賈植芳作品做了點評:「〈人的悲哀〉是一篇外稿,也許讀起來略顯沉悶吧,但這正是用沉悶的堅卓的筆觸所表現的沉悶的人生,沒有繁複的故事,但卻充溢著畫的色調和詩的情愫,讓我們看到了動亂崩潰的社會的一圖。」

賈植芳後來回憶說:「這也是我的文章在社會上引起的第一次批評和反應。」

自此,賈植芳與胡風一直保持著通訊聯繫。胡風主編的《七月》也經常發表賈植芳的作品。賈植芳從日本回國後參加了「留日學生特別訓練班」,不久,訓練班將他分配到中條山前線做日文翻譯。臨行前,賈植

學者風範

芳寫信告訴了胡風自己的去向，胡風回信要賈植芳為《七月》撰寫戰地通訊，還給了賈植芳一個「七月社西北戰地特派員」的名義。

1939年，國共關係破裂，賈植芳逃出西安，來到重慶，身無分文，一籌莫展，恰好遇見幾個留日同學。這幾位同學在《掃蕩報》工作，經他們介紹，賈植芳也在該報謀了個職位。賈植芳知道胡風此時也在重慶，就寫了封信給胡風，因為《掃蕩報》屬於國民黨，賈植芳嫌它名聲不好，就說自己在報社工作，未提具體名稱。胡風接信後，就一家家報社去找，整整找了三天，終於在《掃蕩報》找到了賈植芳。那是胡風與賈植芳第一次見面。看見又黑又瘦、衣服破舊的賈植芳，胡風眼睛一熱，差點落淚，急忙從口袋裡掏出一沓錢，說：「這是二十元錢，你以前的稿子，還存有一點稿費。」

這次見面，胡風的質樸、熱忱以及對自己的關心，牢牢地刻在賈植芳心中。他和胡風的關係更加親近了。在晚年的一篇回憶文章中，賈植芳寫道：「胡先生的這次來訪，使我很激動，也使我親身體會到他的熱情和純真的為人品格和作風，他完全是一個平民化的知識分子的樸素形象。這也可以說，就是我們真正訂交的開始。」

1941年，皖南事變後，國民黨掀起反共高潮，賈植芳再次流落到西安，胡風則去了香港。一次在西安某書店，賈植芳偶然翻看一本官方出版的《黃河》雜誌，看到則消息：「香港被日軍攻陷後，『左傾』文人胡風已步他的同志袁殊的後塵，做了汪偽南京政府的宣傳部副部長了。」憑自己對胡風的了解，賈植芳斷定這是血口噴人的謠言。當時他生活窘迫，朋友推薦他為《黃河》寫稿，他嚴詞拒絕，說：「我寧可做我完全不情願去做的小商販，也絕不會違背自己的良心和情感，去與一家誣陷我朋友的刊物發生連繫。」

1942年，賈植芳在一本出版於桂林的叢刊中看到胡風的文章〈死人復活的時候〉，賈植芳讀了十分快慰。文章寫道：「既然對我的附逆『該團已獲有確證』，那麼，現在我回來了，站在這裡，而且依舊是手無寸鐵，他們就應該提出『鐵證』來請政府把我逮捕；如果不這樣做，那無異侮蔑我們的政府是存心包庇漢奸『到處矇混』的，鐵血男兒的他們就應該發出抨擊政府的聲音。」胡風的文字鏗鏘有力，賈植芳讀完大讚：「胡風到底是胡風！」胡風受到汙衊時，賈植芳怒不可遏；胡風澄清事實時，賈植芳精神振奮！由此他也意識到，胡風和他的友情已經牢不可破了！

事實上，胡風一直像老大哥那樣關心著賈植芳。1947年，賈植芳因在《學生新報》上發表〈給戰鬥者〉一文而被國民黨政府逮捕入獄。胡風知道賈植芳和國民黨一位官員陳卓有過一面之緣，就寫信給南京的阿壟，讓他設法去找陳卓，營救賈植芳。胡風還讓賈植芳的妻子任敏去找同濟大學教授吳歧，讓他寫信給陳卓請他保釋賈植芳。吳歧寫了信給陳卓，任敏一直在等陳的回信，沒有及時和胡風聯繫。一次，《時代日報》記者顧征南請了幾位朋友在家聚餐，任敏也應邀前往。大家正吃飯，胡風因事而來，看到任敏，忍不住發火：「妳啊！妳啊！妳不看看，別人倒替妳著急！怎麼植芳的事不管了？這麼長的時間也沒看到妳人影……」胡風對賈植芳的關心感動了在場的所有人。最後，還是胡風找了一個書店的老闆，讓他託關係把賈植芳從牢中救了出來。

賈植芳知道，是胡風，第一次把自己的文字介紹給讀者的，從此自己和新文學產生了真正的連繫；後來，也是胡風，推出了自己的第一部小說集《人生賦》。他感慨：「在我的文學生涯和生活上，他都給予了熱情的扶助和無私的幫助，這些，我都是永遠感激和難忘的。」

學者風範

基於理解的寬容

巴金晚年透過一系列文章,反思過去,解剖自我,這些文章後結集為《隨想錄》出版,影響巨大而深遠。

1989年,瑞典皇家科學院諾貝爾獎評獎委員會委託賈植芳推薦一位中國作家做候選人。賈植芳推薦了巴金,在推薦理由中,賈植芳特別提到了巴金晚年作品《隨想錄》:

「我尤其要提到的是巴金不久前寫就的由一百五十篇散文構成的《隨想錄》。這些內省的文字在無情地解剖自己的同時,實際上也完成了對中國知識分子心靈的一次嚴酷拷問,鞭撻自己靈魂的非凡勇氣加上老年人飽經世事後的徹悟,使這部樸實無華而又實以血淚為墨的懺悔錄成為中國知識分子靈魂覺醒的偉大紀錄。即令巴金只寫過這麼一部《隨想錄》,他也永遠不會被後人遺忘。」

1983年,賈植芳出任復旦圖書館館長。上任那天,他想先和大家見見面,熟悉一下。推開一扇門,一位年輕人突然轉過臉,跑到書架後面,賈植芳覺得奇怪,和其他人打過招呼後,又走到那位年輕人面前,那年輕人卻一直低著頭。一旁的工作人員就為這位年輕人介紹了賈植芳,年輕人不得已,慢慢抬起頭,賈植芳明白了。原來他們早就認識。那位年輕人滿面通紅,說:「我對不起你。」原來在「文革」中,他看管過賈植芳,當時這個年輕人態度蠻橫,對賈植芳動過拳腳。賈植芳就對他說:「那時候你年輕,沒有社會經驗,也不懂是非,難免做些錯事情。上帝允許青年人犯錯誤。你不要揹包袱,以往的事情就讓它過去吧。你年輕,有前途,要好好學習,把工作做好。」那位年輕人聽了不住點頭,賈植芳對他的原諒讓他感激,他也因此感受到賈植芳的寬厚胸懷與人格魅力。

賈植芳寬以待人的另一個原因，是他善良的天性。

賈植芳在印刷廠工作時，一次他看到歷史系教授陳仁炳教授也來這裡工作，任務是把又粗又長的木料搬上樓。陳仁炳歪著頭扛著木料，十分吃力。賈植芳擔心陳仁炳力不從心扛著木料從樓梯上摔下來，就跑到他面前說：「你休息一下，我幫你扛，我比你年輕，身體也比你好，扛幾根木料不成問題。」陳仁炳說：「不行。你替我扛，他們會批鬥你。」賈植芳一面接過木料，一面說：「他們要鬥，扛不扛都要鬥。還是我扛吧。」

雖然被打入另冊，自身難保，但賈植芳還是盡可能地去幫助別人。

賈植芳曾下放到鄉下與農民「同吃，同住，同勞動」，他被安排住在一戶農家，這家人心腸好，對受難者賈植芳一點不歧視。賈植芳看這家農戶太窮，兩個孩子常常吃不飽，一點醬菜能下五頓飯，所以，他每週雖然給這家農戶十二元錢的飯菜錢，但他卻不忍在農戶家吃飯，而是去買一種廉價的定升糕吃，或者去河裡捉幾條小魚填肚子。賈植芳只在這家住了一段時間，就與這家人結下深厚感情。當時的他，正處於人生的谷底，遭歧視，被凌辱，但在回憶往事時，他沒有為自己鳴冤叫屈，而是不斷感嘆：「當時的農民生活真苦啊！」

1984年的春節夜晚，賈植芳在回家的路上被一個年輕人騎腳踏車撞倒，大腿骨折，在醫院躺了幾十天。後來他和那位撞倒他的年輕人竟然成了朋友。談到那個闖禍的年輕人，賈植芳卻表揚他了一番：「當時路上沒有人，那小青年可好啦，他沒有逃跑，他讓我坐在腳踏車後架上，把我推回去了。」那個小青年當晚喝了點酒，沒留神撞了賈植芳。他滿臉歉疚地對賈植芳說：「住院的一切費用，醫藥費、營養費全由我出。」賈植芳笑了，說：「你養不起我的，一般職工嘛！我一分錢也不要。假如你撞

學者風範

倒我後逃跑了，我一定要叫你吃官司。」後來這位年輕人多次帶著妻子、孩子來看望賈植芳。賈植芳對友人說：「後來我們成了朋友啦。」

賈植芳寓所的樓上住著一位老教授，得了阿茲海默症，經常半夜喊叫。老教授的女兒特地下樓道歉：「我爸爸這樣喊叫，影響您晚上休息，實在對不起。」賈植芳就安慰她：「女兒，你不必介意，我也老了，過幾天也要鬼叫了。」

具備如此善良的天性，賈植芳自然會跳出個人的恩怨，原諒那些因年幼無知而犯下錯誤的年輕人。

源自豁達的樂觀

賈植芳曾把契訶夫的《手記》翻譯出版，介紹給讀者。賈植芳還寫過一篇文章介紹這部《手記》，其中寫道：「契訶夫手記，作為雜文來看，它的精神特色，正是契訶夫全部創作的特色：憤怒中的自持和出於純潔心靈的樂天的幽默。」其實，用這句話來形容賈植芳的處世法則也是很貼切的。

賈植芳年輕時就有一種堅強的信念。這種信念賦予他一種豁達的胸懷，使他能樂觀地面對生活中的「風雲突變」。

十九歲那年，賈植芳東渡扶桑報考日本大學，口試時，考官問他：「德國的希特勒、蘇聯的史達林、中國的蔣介石，這些人中你崇拜哪一位？」賈植芳回答：「我崇拜我自己！」考官驚訝地問：「是嗎？」賈植芳加重語氣回答：「是的。」結果順利錄取。考官被這位年輕人的自信折服了。從日本回國後，賈植芳出於愛國參加了「留學生抗日特訓班」，本可以混個一官半職，但目睹了國民黨的種種腐敗，他拒絕同流合汙。錄用

面試時，一位政府考官問他：「你學的是哪門外語？」賈植芳答：「土耳其語。」考官不懂，就換個問題：「你學的是哪門專業？」賈植芳答：「天文學。」賈植芳用這種調侃的方式拒絕了國民黨政府拋來的橄欖枝。

正因為有著堅強的信念，在人生的任何時候，面對任何的打擊，他豁達依舊，樂觀依舊。

有段時間，賈植芳吃飯時總感到牙根痛，有顆病牙搖搖欲墜，他笑著對妻子任敏說：「老虎有病就沒有醫生敢幫牠看，自己舐一舐就醫好了。我的牙齒痛了好長時間了，我不去醫務室，因為就我這身分，醫生不會幫我拔牙的。現在我有辦法了，明天過舊年，我去食堂買幾塊年糕，吃了年糕，壞牙會被黏下來。」這辦法很奏效，第二天，吃了一塊年糕，那顆壞牙就和年糕一道被嚥下去了。妻子任敏在一旁打趣道：「老虎牙壞了沒人敢拔，你也一樣。」說完兩人哈哈大笑。從兩人苦中找樂的背後，我們可感受到賈植芳、任敏的堅強不屈、豁達無畏。

即使步入暮年，賈植芳依舊充滿對生活的熱情、對未來的希冀，他說：「我雖然已進入古人所謂『從心所欲，不踰矩』之年，但我自信並沒失去我在青年時期那點對生活的熱情，那是一團理想的火光，它在我的漫長而多難的生命途程中，一路畢畢剝剝地燃燒著，使我覺得暗夜不暗，光明永遠在我的前面。」

隨著年齡的不斷增加，死亡的陰影也一天天逼近。對於死亡，賈植芳有這樣的思考：「我們鄉間有句俗話：『人老三不貴，貪財怕死不瞌睡』。也說到死的問題。可見中國人無論智愚賢不肖，在這個自然規律面前都有同感。對這個問題，無論是誰都有同感。讓我漸漸意識到臨近老年的表示，是來函裡喜慶帖子越來越少，訃文越來越多。而訃文的主人

學者風範

大多是我的同代人和比我年事稍長者，遇到較熟的朋友故世，我常到火葬場參加告別儀式，像我這樣拄著枴杖的三條腿角色，都被安排在前面一排，面對牆上用黑邊圍繞的遺像低頭默哀。每次一種幽默感會在我心裡油然而生：火葬場裡舊人換新人，獨獨牆上那顆釘子一成不變，今天掛了這張遺像，我們在底下低頭默哀，明天還不知輪到誰在上面誰在下面。」

能以幽默心態看待死亡，說明賈植芳早就擺脫了名韁利鎖，早就悟出了人生真諦。

賈植芳這一生最看重的、最想做的就是把「人」字寫端正，在和一位青年朋友聊天時，他說：「俄國作家契訶夫說：『如果我再活一次，人們問我，想當官嗎？我說，不想。想發財嗎？我說，不想。』不用說來世的事，我今世也沒有做過當官和發財的美夢，走中國傳統知識分子『學而優則仕』的人生富貴之路。我則認為，生而為人，又是個知書識禮的知識分子，畢生的責任和追求，就是努力把『人』這個字寫得端正些。」

賈植芳八十歲那年寫了一首詩表達他對人生的態度：「風風雨雨八十年，險灘暗礁都踏遍；暮年回首生平事，不愧人間走這遍。」同時，他也表明，不願像別人那樣丟開獨立思考的包袱而輕裝前進。

良知，道義，寬容，思考，賈植芳就是用這些值得炫耀的詞，寫出了自己雖傷痕累累，卻端正偉岸的人生！

丁文江：一代真才一世師

「他最恨人說謊，最恨人懶惰，最恨人濫舉債，最恨貪汙。他所謂『貪汙』，包括拿乾薪，用私人，濫發薦書，用公家免票來做私家旅行，用公家信箋來寫私信……」

他是「新時代最良善最有用的中國人之代表」，「歐化中國過程中產生的最高的菁華」。

這樣的人，在任何時代都讓人肅然起敬，高山仰止。

他愛妻子——照顧病妻二十多年，無怨無悔；愛朋友——「捧出心肝待朋友」，忠心耿耿；愛工作——「準備著明天就會死，工作著彷彿像永遠活著」，鞠躬盡瘁，死而後已。

他筆名叫「宗淹」。一個崇拜范仲淹，以范仲淹為做人楷模的人，自有其不可及之處。他就是丁文江，中國地質學的創始人，篳路藍縷，披荊斬棘，創立地質研究所、地質調查所、地質學會。

男兒壯志出鄉關

丁文江，字在君，出生於江蘇泰興的一個普通紳士家庭，排行老二。丁文江出生後不久就顯露出非凡的天資。他哥哥在追憶弟弟的文章中這樣說：

亡弟於襁褓中，即由先慈教之識字。五歲就傅，寓目成誦。閱四年，畢《五經》、《四子書》矣。尤喜讀古今詩，琅琅上口。師奇其資性過人，試以聯語屬對曰：「願聞子志」，弟即應聲曰：「還讀我書」。師大擊節，嘆為宿慧。……

學者風範

　　十五歲那年，丁文江報考上海南洋中學，按當時的習慣，須經地方官保送。於是，少年丁文江遇到了他生命中第一位「貴人」——當地知縣龍璋龍研仙先生。龍先生面試丁文江的題目是〈漢武帝通西南夷論〉。丁文江從容回答，多所闡發，「龍大嘆異，許為國器」。

　　後來正是在龍先生的大力鼓動下，文江父親才打破親友們設定的重重阻礙，同意兒子赴日本留學，「舉債以成其行」。對龍知縣的知遇之恩，丁文江一直銘記在心，他後來在多個場合大發這樣的感慨：「不遇見龍先生，我一生的歷史會完全不同。」

　　丁文江赴日留學時年方十八。他和好友李祖鴻同住在神田區的一個下宿屋。那段時間，丁文江和一幫年輕人，同窗共讀，談政治、寫文章、辦報紙，意氣風發，壯懷激烈。不久，日俄戰爭爆發，受政治刺激，一些中國留學生終日開會，談政治卻不讀書了。恰好吳稚暉先生從英國來函，鼓動在日留學生去英國讀書。丁文江受此啟發，萌生赴英國讀書的念頭。他把這一想法告訴好友李祖鴻、莊文亞，三人志趣相投，一拍即合，當機立斷決定去英國讀書。

　　當時三人的經濟狀況都不好，總資產加起來不過一千七八百元。買了船票後，每人口袋裡只剩下十多個金鎊了。

　　國難方殷，前途未測，經濟上又十分困窘，三位年輕人卻毫不猶豫決定從「日出」扶桑之國飄洋過海遠赴「日不落」帝國。靠的是什麼？是百折不回的信念和移山倒海的決心。

　　錢鍾書曾說，年輕人二十歲不狂是沒有出息的。所謂「狂」，在我看來，就是為了理想拔腿就走的瀟灑，就是開創未來捨我其誰的氣概，就是攀越高山如履平地的豪邁。

懷揣十幾個金鎊就義無反顧奔赴異國他鄉的丁文江和他的兩位同學，就具備了這種「狂」。年少輕狂，應該是這樣的「狂」。

在日本留學期間，丁文江曾抄錄西鄉隆盛的詩句，以明己志：「男兒壯志出鄉關，學業不成誓不還。埋骨何須桑梓地，人間到處有青山。」

1936年，丁文江在湖南譚家山煤礦考察時因煤氣（一氧化碳）中毒逝世，年僅四十九歲。他遺囑中交代「死何地葬何地」。文江哥哥丁文濤感慨：「其志早定於三十年之前。」

典型留與後人知

本來，靠口袋裡的十幾個金鎊，三位年輕人是無法趕到吳稚暉所在的愛丁堡。好在上船後，在一位方姓的福建人引領下，他們中途去了新加坡，並拜訪了客居那裡的康有為。康有為欣賞三位年輕人的勇氣，但也擔心他們的處境，慷慨贈送十幾金鎊，並託他們帶封信給居住在英國的女婿。船抵倫敦後，他們將信寄給了康有為女婿，後者同樣被他們的求學精神所感動，給他們電匯了二十金鎊。翁婿二人的幫助讓丁文江三人度過了難關。

經濟條件所限，丁文江和兩位同學無法在大城市求學，就分頭行動。莊文亞隨吳稚暉去了利物浦，丁文江和李祖鴻則在一個英國醫生的介紹下去了小城司巴爾丁讀高中。當地民風純樸，物價低廉，房東視中國學生為家人，經常請他們參加家庭聚會。這種近距離的接觸，使丁文江能用平和的眼光去觀察英國人的心理和思想，消除了隔閡，化解了誤會；同時，這也使他的言談舉止、待人處事深深地打上英國烙印。傅斯年在文章中就指出過這一點：

學者風範

「在君思力之敏而銳,在最短時間中能抓到一題之扼要點而略去其不重要點,自然不是英國人教會他的。但是他的天才所取用的資料,所表現的方式,所鍛鍊成的實體,卻不能不說一部分由於英國的思想與環境。」

傅斯年還告訴我們,英國雖有很多極其可惡的思想,但丁文江接受到的卻是「最上層精粹」。

確實,在英國留學,塑造了丁文江的科學性格。

本來,丁文江想進倫敦大學讀醫學,但因倫敦大學入學考試偏難,有一門功課的成績未達要求,他便退而求次進了格拉斯哥大學主修動物學,輔修地質學。留學期間,他常待在實驗室裡做各式各樣的實驗。他一絲不苟的工作態度就這樣慢慢形成。丁文江對好友說:「我必須養成這種好習慣,方始有真正求學和做事的才能。」從那時開始,科學精神就一點一滴地滲透到他的生活中,回國後的他,終於成了「最講究科學的一個人」。

蔣廷黻說「以後我和他往來多了,發現他是我一生一世所遇見的最講究科學的一個人。我所認識的人當中,有些人在他們的專門學問範圍之內很遵守科學方法,保持科學態度,出了這個範圍,他們與一般人的思想方法及生活方式並無差別。還有些人在學問上面是很科學的,在生活上面則隨便了。在君不但在研究地質地理的時候務求合乎科學的方法,就是討論政治經濟的時候,或批評當代人物的時候,或是在起居飲食上,他也力求維持科學的態度。」

其實,從丁文江喜歡的一些名言,我們也看出科學對他的人生產生了怎樣重要之影響。他常講的一句話是:「準備著明天就會死,工作著彷彿像永遠活著的。」他桌上的格言鏡框裡還寫有杜洛斯基的話:「勿悲愁、

勿唏噓、勿牢騷，等到了機會，努力去做。」

這些格言所展現的人生態度可謂積極、樂觀、向上，顯然，這種人生態度是科學的。

丁文江在做留學生時說：「我必須養成這種好習慣，方始有真正求學和做事的才能。」所謂「好習慣」，就是健康、自然，能提升工作效率的習慣，換言之，就是一種科學的習慣。

丁文江注重實地考察，他特別佩服徐霞客，也曾像徐霞客那樣徒步考察過金沙江一帶的地貌礦藏。他曾在日記裡記下他徒步考察的習慣：

「我每天的習慣，一天亮起來就吃早飯，吃完了就先帶著一個嚮導，一個背夫，獨自一個上路。鋪蓋、帳篷、書籍、標本，用八個牲口馱著，慢慢在後面走來，到中午的時候趕上了我，再決定晚間住宿的地方，趕上前去，預備一切。等到天將晚了，我才走到，屋子或是帳篷已經收拾好了，箱子開啟了，床鋪鋪好了，飯也燒熟了。我一到就吃晚飯，一點時間都不白費。」

這樣的習慣堪稱科學，因為「一點時間都不白費」。

某年冬天，丁文江從俄國回來，覺得左腳大拇指經常發麻，他去協和醫院問醫生：「要緊不要緊？」醫生答：「大概不要緊。」丁文江再問：「能治不能治？」醫生：「不能治。」丁文江聽了醫生的話，立刻放心走了。他後來對朋友說：「若是能治，當然要想法子去治，既不能治，便從此不想它好了。」

丁文江對疾病的這種態度，最為科學，有病就治，既不能治，就坦然面對。正因如此，面對任何疾病，面對任何危險，他也能做到心神安定。

學者風範

丁文江具備一種罕見的內在定力，能做到「泰山崩於前而色不變」，且在任何時候，都能對生活充滿熱望，這與他對科學的追求有關。他曾說：

「科學不但無所謂向外，而且是教育與修養最好最好的工具，因為天天求真理，時時想破除成見，不但使學科學的人有求真理的能力，而且有愛真理的誠心。無論遇見什麼事，都能平心靜氣去分析研究，從複雜中求單簡，從紊亂中求秩序；拿論理來訓練他的意想，而意想力愈增；用經驗來指示他的直覺，而直覺力愈活。了然於宇宙生物心理種種的關係，才能夠真知道生活的樂趣。」

在〈玄學與科學〉一文中，丁文江特別強調了科學方法的重要性，他說：

「科學的目的是要屏除個人主觀的成見──人生觀最大的障礙──求人人所能共認的真理。科學的方法，是辨別事實的真偽，把真事實取出來詳細的分類，然後求他們的秩序關係，想一種最單簡明瞭的話來概括他。所以科學的萬能，科學的普遍，科學的貫通，不在他的資料，在他的方法。」

當丁文江回國從事地質學研究後，他一直嚴格地按照科學方法行事。翁文灝〈對於丁在君先生的追憶〉一文中，多次提到丁文江對「方法」的重視：

「他竭力主張注重實地考察。他以為平常習慣，由一個教授帶領許多學生在一學期內做一次或二次旅行，教授匆忙地走，學生不識不知地跟，如此做法絕不能造成真正地質人才。他以為要使學生能獨立工作，必須給他們許多機會，分成小組，自行工作，教授的責任尤在指出應解

決的問題，與審定學生們所用的方法，與所得到的結果。他不但如此主張，而且以身作則，有很多次數，率領學生認真工作。他的習慣是登山必到峰頭，移動必須步行……」

丁文江認為，身為教授，把方法教給學生最重要。否則，即使讓學生亦步亦趨跟著自己去考察，效果也不好。

「在君先生的實地工作，不但是不辭勞苦，而且是最有方法。調查地質的人，一手拿錐打石，一手用指南針與傾斜儀以定方向測角度，而且往往須自行測量地形，繪製地圖。這種方法，在君先生都一絲不苟地實行，而且教導後輩青年也盡心學習。」

「在君先生偕同曾世英、王日倫二君由重慶入黔，所經之地，北起桐梓，西抵畢節，東包都勻，南盡桂邊，雖有許多牲口馱執行李，但調查人員長途步行，看石繪圖，手足並用，一路都用極嚴格的科學方法，努力工作。」

在丁文江看來，實地考察，態度認真還不夠，方法也必須科學。

終其一生，科學方法貫穿在丁文江生活的各個方面。

丁文江痛恨奢侈，但不拒絕舒適。他住賓館要安靜，每年抽時間避暑，飲食衛生有營養。他善待自己不過是為了休養生息、養精蓄銳。一旦工作需要，條件再簡陋，環境再惡劣，他都親力親為，以身作則。正如傅斯年說的那樣：「但是這些考量，這個原則，絕不阻止他到雲貴爬高山去看地質，絕不阻止他到黑海的泥路上去看俄國工程，絕不阻止他每星期日率領北大的學生到西山和塞外作地質實習，絕不阻止他為探礦為計劃道路，半年的遊行荒野中。」

翁文灝以一首詩，道出丁文江的可貴之處：

一代真才一世師，典型留與後人知。

出山潔似在山日，論學誠如論政時。

理獨求真存直道，人無餘憾讀遺辭。

赤心熱力終身事，此態於今誰得之！

捧出心肝待朋友

丁文江特別看重友情，當然，能做他的朋友，必定術業有專攻，或事業有成就。一旦成為朋友，他就會以監護人自居，鼓勵你督促你，你犯了錯便毫不含糊地批評你，儼然老大哥，故得外號「丁大哥」。

一次，翁文灝在杭州遭遇車禍受重傷。當時丁文江正發燒躺在醫院，得知消息後，執意要出院坐火車趕往杭州。醫生勸他說：「你這時候去是很傻的。你到了杭州，一個病人發揮不了任何作用。」他這才打消了念頭。躺在病床上的他仍然為遠方的翁文灝做了許多安排。他對床邊的人說：「詠霓這樣一個人才，是死不得的。」

丁文江去世後，翁文灝悲痛不已，撰文多篇，寫詩多首以寄哀思，其中一首詩如下：

古國巍存直到今，艱危此日已非輕。

救時大計行難得，欺世空言憤不平。

國士無雙君已往，知心有幾我何生！

臨終話別衡河畔，若谷虛懷語足驚。

胡適也是丁文江的知音與密友。他倆相知相惜相互關心，譜寫了民國時期動人的篇章。

丁文江的敬業、熱忱、勤勉每每令胡適讚嘆不已而又自愧不如。

丁文江接受淞滬總辦之職時，胡適恰好和他同住上海客利飯店。當時，丁文江每天接到不少薦書，他就讓祕書將其歸類，等他正式上任後，根據職位的需求，寫信通知求職者來接受考試。一旦合格，馬上錄取；不及格的，他也去信說明。丁文江寫信很勤，看到胡適案頭堆積不少未覆的信件，不免奇怪。他曾對胡適說：「我平均寫一封信費三分鐘，字是潦草的，但朋友接著我的回信了。你寫信起碼要半點鐘，結果是沒有工夫寫信！」

一直到晚年，胡適都言之諄諄要祕書學習丁文江案無留牘的工作習慣。

胡適和丁文江關係密切，感情深厚，他說：「在君是最愛我的一個朋友，他待我真熱心！」

有段時間，胡適身體不好，丁文江寫信勸他出國休養：

「我們想你出國，正是要想你工作；你若果然能工作，我們何必攆你走呢？你的朋友雖然也愛你的人，然而我個人尤其愛你的工作。這一年來你好像是一隻不生奶的瘦牛，所以我要給你找一塊新的草地，希望你擠出一點奶來，並無旁的惡意。」

胡適喜歡喝酒，丁文江擔心胡適飲酒過量傷身體，就從胡適《嘗試集》裡摘出幾句詩請梁啟超寫在扇子上，並把扇子送給胡適，提醒他戒酒。那幾句詩是：

少年恨汙俗，反與汙俗偶。

自視六尺軀，不值一杯酒。

倘非朋友力，吾醉死已久。

……

學者風範

清夜每自思，此身非吾有：

一半屬父母，一半屬朋友。

便即此一念，足鞭策吾後。

丁文江的苦心，令胡適感動，說：「我很感謝他的情意，從此把他看作一個人生很難得的『益友』。」

然而戒酒也和戒菸一樣難，胡適屢屢破戒。丁文江為此很替胡適擔憂，1930 年 11 月，他連著寫了兩封信給胡適，勸其「毅然止酒」。

第一封信：

適之：

……我事體近來大忙，就沒有立刻寫信給你。但是屈指〔算來〕你將要離開上海了，在這兩個星期中，送行的一定很多，唯恐怕你又要喝酒，特地寫兩句給你，勸你不要拚命！一個人的身體不值得為幾口黃湯犧牲了的，尤其不值得拿身體來敷衍人……千萬珍重！

第二封信：

適之：

前天的信想不久可以收到了。今晚偶然看《宛陵集》，其中有題云〈樊推官勸予止酒〉，特抄寄給你看看：

少年好飲酒，飲酒人少過。今既齒髮衰，好飲飲不多。

每飲輒嘔洩，安得六府和？朝醒頭不舉，屋室如盤渦。

取樂反得病，衛生理則那！予欲從此止，但畏人譏訶。

樊子亦能勸，苦口無所阿。乃知止為是，不止將如何？

勸你不要「畏人譏訶」，毅然止酒。

1931 年，丁文江一家在秦皇島租了一所房子消夏。他掛念胡適，就寫了一首詩邀請胡適來此度假：

記得當年來此山，蓮峰滴翠沃朱顏。

而今相見應相問，未老如何鬢已斑？

峰頭各採山花戴，海上同看明月生。

此樂如今七寒暑，問君何日踐新盟？

胡適以詩相答：

頗悔三年不看山，遂教故紙老朱顏。

只須留得童心在，莫問鬢毛斑未斑？

兩天後，胡適帶著兒子祖望到秦皇島，和丁文江一家度過十天快樂的時光。臨別前夕，胡適和丁文江徹夜交談，最後共同背誦元微之送白居易的兩首絕句，盡情傾訴惜別之情：

君應怪我留連久，我欲與君辭別難。

白頭徒侶漸稀少，明日恐君無此歡。

自識君來三度別，這回白盡老髭鬚。

戀君不去君應會：知得後回相見無？

翌日，丁文江又用微之的原韻，寫了兩首詩為胡適送行：

留君至再君休怪，十日流連別更難。

從此聽濤深夜坐，海天漠漠不成歡。

逢君每覺青眼來，顧我而今白到鬚。

此別原知旬日事，小兒女態未能無。

學者風範

赤心熱力終身事

對於青年學子，丁文江極為熱心。年輕人有錯，他批評毫不留情；有成績，表揚也不遺餘力。一次開會，他看到胡適，立即高興地說：「你來，你來，我為你介紹趙亞曾！這是我們地質學古生物學新出的一個天才，今年得地質學獎金的。」那一刻，丁文江臉上的笑容，讓胡適見識了什麼是心花怒放。

後來趙亞曾在雲南考察時被土匪殺害。丁文江為此哭了多次，還到處找人募集撫卹金，並主動承攬趙亞曾孩子的教育責任，夏天避暑也把那孩子帶在身邊。擔心孩子荒廢學業，丁文江就職中研院後，特意把孩子接到南京，在自己身邊上學。孩子考試成績不好，要留級，丁文江花了一個晚上，安慰並開導孩子，告訴他多讀一年書，大有好處。

丁文江喜歡留心各種人才，年輕人，只要好學上進，他都樂於幫助，極力推薦。丁文江在歐洲遇見一個中國留學生李承三，不僅幫助他完成了學業，李承三畢業後，又推薦他去中央大學任教。

一位學生自覺理論素養差，想出國深造，丁文江同意了，但掌握財政的官員卻不同意，對丁文江說：「部裡正鬧窮，何必還派人去留學？」丁文江正色道：「我們江南人有句俗語：『包腳布可以進當，書不可不讀』。」在他的堅持下，這位學生還是取得了留學的機會。

丁文江身兼數職，公務繁忙，但出於對學生的關愛，他還是擠出時間，親赴教學第一線。教地質學需要標本，丁文江就請很多朋友幫他準備標本，以至於地質調查所的同事們都開玩笑說：「丁先生到北大教書，我們許多人連禮拜天都不得休息了。我們的標本也教丁先生弄得破產了。」

丁文江教書特別注重效果。地球上水澤平原與山地所占面積比例，若用數字表明，枯燥難記。丁文江就告訴學生們說：「有句俗語說：『三山六水一分田』，水澤平原與山地的比例，與此相當。」這樣一說，學生就記住了。

講到火山爆發的溫度，丁文江解釋說，這溫度，三天後還可煮熟雞蛋，火山爆發的威力能使火山灰飛繞地球三周。講到「侵蝕」，丁文江用了一個比喻：「夏天陣雨之後，馬路上之泥土，為雨水沖洗，石塊露出，此之謂侵蝕。」

因為講解生動，語言詼諧，丁文江的課堂上不時爆發出笑聲，有人形容為：歡笑共發問俱起，菸灰與粉屑齊飛。

胡適也做過大學教授，他認為，丁文江對學生對教書育人這個行業更投入更熱心。胡適日記有這樣一段話：

「他是一個最好的教授，對學生最熱心，對課程最費工夫，每談起他的學生如何用功，他真覺得眉飛色舞。他對他班上的學生某人天資如何，某人工力如何，都記得清楚。今天他大考後抱了二十五本試卷來，就在我的書桌上挑出三個他最賞識的學生的卷子來，細細地看了，說：『果然！我的賞識不錯，這三個人的分數各得87分。我的題目太難了！』」

面對如此盡責如此熱心的教師，胡適面有赧色，說：「我對他常感覺慚愧。」

丁文江關心年輕人，是因為他對年輕人寄予厚望，他說：「中年以上的人，不久是要死的；來替代他們的青年，所受的教育，所處的境遇，都是與從前不同的。只要有幾個人，有不折不回的決心，拔山蹈海的勇

氣,不但有知識而且有能力,不但有道德而且要做事業,風氣一開,精神就要一變。」

正因為對年輕人寄予厚望,丁文江對他們愛之也深,責之也切。

鄭原懷畢業於哈佛大學,專攻地質學。畢業後任中央大學地質學教授。有段時間,他忙於經營房地產,荒疏了本行。丁文江就直言批評道:「我知道你在哈佛學得很好,經濟地質這學問,是中大也是中國所需要的。可是你為什麼兩年以來毫無研究的成績表現出來?你知道一個學科學的人,若是不務本行分心在其他工作上,便很快地就會落伍。我為你,並且為中央大學地質學系,很誠懇地勸你不能再是如此。若是你不趕快改弦更張,我便要請羅校長下學年不再聘你。」

一番逆耳之言說得鄭原懷面紅耳赤,卻也頻頻點頭。之後,他心無旁騖,全力以赴教學與科學研究,很快在地質學領域取得了不俗成績。

出山要比在山清

丁文江在〈我的信仰〉一文中曾提及一個詞——「宗教心」:

「許多人不會太相信神祕的宗教,但是他們以為沒有神祕宗教,社會的秩序就根本不能維持。我以為他們誤會了宗教的來源了。宗教心是為全種萬世而犧牲個體一時的天性,是人類合群以後長期演化的結果,因為不如此則不能生存。」

丁文江認為,人們的「宗教心」並非同樣的。在他看來,「宗教心」正如人的智慧,「強弱相去得很遠」。

其實,丁文江就是一個「宗教心」十分豐富的人,就是說他是一個富有犧牲精神的人。丁文江的「犧牲」精神表現在以下幾方面。

為家庭做出犧牲。

他從廿六歲自英歸國後開始，在上海教書得到收入，立即承擔贍養父親和教育兄弟的責任。從廿六歲至四十八歲的廿二年中，他先後承擔：對母舅每年五百元的贍養，對一位貧困兄弟每年三百元的津貼，對四個小兄弟和一個姪兒的小學、中學、大學的教育費用和留學費用，家庭中任何人意外遭遇的支出。

可以說，全家開支基本由他一人承擔。

為社會做出犧牲。

丁文江兄弟眾多，有七位。他的兄弟都得到過丁文江的資助。丁文江的一個弟弟丁文淵十五歲那年，和同班同學翁君從上海乘海輪去天津。翁君手中有軍用免票，他鼓動丁文淵寫信給丁文江，要哥哥動用一點關係，弄到一張軍用免票。丁文江接信後，立即回信將弟弟教訓了一番：

「你是一個青年學生，何以有這樣的腐敗思想？你現在總應當看報，你沒有看見報紙常常攻擊濫用軍用免票的人嗎？軍人用軍用免票是否合理，那是另外一個問題，然而他們到底是軍人的身分。你不是軍人，何以竟用起軍用免票來？這是一種不道德的觀念，損壞國家社會，喪失個人人格，我希望你從此不作此想，才不負我教養你的一番苦心！」

後來，丁文淵赴德國留學，學費完全由丁文江承擔。一次，丁文淵在瑞士遇到「駐歐留學生監督處的祕書」曹梁廈先生，曹先生是丁文江留學時的同學，他知道丁文江境況不佳，就鼓動丁文淵申請官費。丁文淵想為二哥丁文江減輕一點負擔，於是，就致信二哥，請他設法為自己爭取到官費。不久，丁文江給弟弟回了封長信，信中說：

學者風範

「照你的學歷，你的勤學和天資以及我們家中的經濟狀況，你當然有資格去申請。再加有你上述的人事關係，我想你的申請是有希望的。不過，你應當曉得，在國中比你還要聰明，還要用功，還要貧寒的子弟，實在不少。他們就是沒有像你有這樣一個哥哥，來替他們擔負學費。他們要想留學深造，唯一的一條路，就是爭取官費。多一個官費空額，就可以多造就一個有為的青年。他們請求官費，確是一種需要，和你不同。你是否應當細細地考慮一番，是不是還想用你的人事關係，來占據這樣一個官費空額？我勸你不必再為此事費心，我既然承認擔負你的學費，如何節省籌款，都是我自己的事。你只應當安心地用功讀書就行！」

這封信，讓丁文淵進一步了解到哥哥的為人，同時也讓他懂得，每個人都要有強烈的社會責任感，都要盡可能地犧牲自己，讓國家和社會得益。

丁文江有天賦，有知識，有毅力，他若從事研究工作，必然會取得很大的成就，然而，他卻犧牲了自己的研究來管別人的研究，犧牲了自己的工作來輔助別人的工作，為了營造良好的學術環境而犧牲了自己的學術興趣。因為他認為「一人之成績總有限，多人之成績必然更大」。

1926年5月至12月，丁文江出任淞滬商埠督辦公署的總辦。這段經歷，讓他的聲名蒙上一層陰影。其實，丁文江頂著壓力，出任淞滬督辦，是想藉機推行他的大上海計畫，是想在帝國主義和軍閥的雙重包圍下，盡可能提升當時上海人的地位。在短短的任期內，丁文江做出的成績有目共睹。

傅斯年說：「在君在淞滬任中，行政上的成績是天下共見的：為滬市

行政創設極好的規模，向外國人爭回不少的權利。在君以前辦上海官廳的固談不到，以後也還沒有一個市長能趕得上他一部分。即以此等成績論，假使當時在君的上司是比孫傳芳更不好的，在君仍足以自解，因為在君是藉機會為國家辦事的，本不是和孫傳芳結黨的。批評他的人，要先評評他所辦的事。」

雖然擔任淞滬督辦一職，但丁文江沒有染上一絲一毫官場的陋習。傅斯年說：「他從不曾坐過免票車，從不曾用公家的費用作私用，從不曾領過一文的乾薪。四年前，資源委員會送他每月一百元，他拿來，分給幾個青年編地理教科書。他到中央研究院後，經濟委員會送他每月公費二百元，他便分請了三位助理各做一件事。他在淞滬總辦卸任後，許多人以為他必有幾文，乃所餘僅是薪俸所節省的三千元，為一個大家庭中人索去。」

丁文江寫過一首詩：「紅黃樹草爭秋色，碧綠琉璃照晚晴。為語麻姑橋下水，出山要比在山清。」出任淞滬督辦，丁文江只是為了做事，為了承擔他對社會國家的責任，而不是為了一己的榮耀和個人的享受。他確實做到了「出山要比在山清」。

傅斯年說，丁文江論一件事之是非，總是以這一件事對公眾有利或有害為標準；論一個人的價值，總是以這一個人對公眾有用或有害為決定。正因如此，丁文江犧牲自己，不僅僅是為了完善自己的品德，更是「為社會求得最大量之出息」。

「宗教心」讓丁文江習慣了為國為家為他人做出犧牲，他的人品因而日趨完善，進而具備了一種罕見的人格魅力。

丁文江因煤氣（一氧化碳）中毒死在長沙的噩耗傳來，胡適悲從中

來，情難自禁，也步元微之原韻寫了兩首詩悼念這位一直牽掛自己的朋友：

> 明知一死了百願，無奈餘哀欲絕難！
> 高談看月聽濤坐，從此終生無此歡！
> 愛憎能作青白眼，嫵媚不嫌虯怒鬚。
> 捧出心肝待朋友，如此風流一代無！

傅斯年說：「凡是朋友的事，他都操心著並且操心到極緊張極細微的地步，有時比他那一位朋友自己操心還要多。」

丁文江對胡適的「操心」就是明證。

1956年是丁文江逝世二十週年。那一年，胡適已年滿六十五歲，但他不顧年老體弱，精力不濟，寫了一本長達十二萬字的《丁文江的傳記》。這是胡適篇幅最長，用力最深的一本書。

胡適用這本傳世之作，表達了他對丁文江誠摯的謝意、崇高的敬意和深深的悼念之情。

李濟：直道而行的「拗相公」

　　李濟是誰？他是中國第一個人類學博士，中國現代考古學之父。著名考古學家張光直是李濟的得意門生之一。對恩師，張光直這樣評價：「迄今為止，在中國考古學這塊廣袤的土地上，在達到最高學術典範這一點上，還沒有一個人能超越他。」學者李學勤也盛讚李濟在考古學方面的貢獻：「現代考古學真正系統地在中國展開，是從1928年李濟出任中央研究院歷史語言研究所考古組主任後，主持對殷墟進行發掘開始的。」

　　王國維、梁啟超、陳寅恪、趙元任，四位大師，名聲顯赫，二十九歲的李濟竟能躋身其間和他們一道成為清華國學院五位導師之一。多年後，美國著名學者楊聯陞曾在詩中稱頌這五位大師：

　　清華研究院，五星曾聚併。

　　梁王陳趙李，大師能互影。

　　任公倡新民，靜庵主特立。

　　寅恪撰豐碑，史觀揚正義。

　　元任開語學，濟之領考古。

　　後賢幾代傳，屈指已難數。

　　……

　　李濟在美國留學期間與徐志摩是室友，兩人關係很好。在給李濟的一封信中，徐志摩寫道：「剛毅木訥，強力努行，凡學者所需之品德，兄皆有之。」這個評價相當準確。

　　1922年，李濟發表一篇文章〈中國的若干人類學問題〉，其中寫道：

「由於拼音語言過於飄忽流動，不能指望它作為保存任何穩定思想的工具」，而漢語卻處在拼音語系的對立面，簡單、明瞭，「不會因任何風暴和鉅變而改動」。「它保護著中國的文明已達四千餘年之久。」「漢語正如它所展現的精神一樣是穩定的、充實的、優美的。」

雖然羅素不完全認同李濟的觀點，但他卻讚賞李濟的思考價值頗高。大名鼎鼎的羅素竟然在文中引用一位後生小子的大段文字，足見他對這位年輕人的欣賞與器重。二十六歲的李濟也由此「一夜成名」。

父親的「信條」與大學校長的「話」

李濟的早年教育，得益於父親的開明與睿智。在一篇回憶早年教育的文章中，李濟筆鋒略帶感情道地出其父教育子女的兩則基本信條：「(1)他是孟子的信徒，篤信性善說。他同意孟子的『人皆可以為堯舜』、『人皆可以為聖人』的說法，所以他教育青年子弟，注重啟發⋯⋯(2)他對於教育子弟的第二信條，可以說是自第一條引申出來的，即：使每一個兒童發展他的善性；也就是充分地培植兒童固有的特質（反過來說：就是不要摧殘兒童的天性）。他講道：『天命之謂性，率性之謂道，修道之謂教。』常在不同的場合用不同的教材，把上說的兩項意思反覆地、巧譬善喻地解說得淋漓盡致。」

教育幼年的李濟，父親沒有死板地循規蹈矩，也沒有粗暴地拔苗助長，而是採用兒童們「喜聞樂見」的方式，激發他的興趣，培植他固有的特質，重啟發，不壓制。

李濟坦言，他的早年教育得益於父親進步的教育思想：「概括地說，是為我不斷地開闢了新境界。若是具體地詳述，又可以分成若干小方

面。例如（1）遠在科舉時代他就教我朗誦詩歌，教我聽高尚的七弦琴音樂。（2）縣立小學成立的初期，即將我送入，使我有機會學『格致』、『體操』、『東文』這些新玩意兒。（3）在宣統末年即毅然讓我考清華。」

李濟的父親喜歡孟子，曾多次為李濟講解他的作品。李濟入清華後，受老師影響開始攻讀荀子。父親知道荀子是孟子的對頭，但他並未干涉兒子的閱讀。對兒子興趣的轉移，父親採取了放任的態度。對此，李濟心存感激：「他的心中，如今回想起來，大概也只是讓我作自己的抉擇；盡量地發揮自己的理性；這是與他的教育法相符的。」

李濟一生遠離官場，無意仕途，這也與父親早年的教育有關。李濟幼年時，父親常告誡他，不要成為衙門裡的官員，因為有操守的人往往盡不了責任；能幹的人免不了貪汙，而且「衙門總是誘人藏垢納汙的場所，最容易做傷天害理的事」。父親這些話，李濟聽多了，就有了很深的印象：「他的這些話，漸漸地養成了我對政治的一種偏見；所以有一個很長的時期，我總以為：政治這項職業是一門骯髒下流的事業；這一類的證據，不幸地是實在太多了。」

李濟的早年教育受惠於父親的「放任」與「啟發」，而他的大學教育則得益於美國克拉克大學校長霍爾先生（Granville Stanley Hall）的一番話。李濟告訴我們，霍爾一番關於讀書方法的話對他影響甚巨。這番彌足珍貴的話是這樣的：「你們在大學的時候，不必也不可以把你們所有的時間都放在預備你們的功課上，你們應該保留一小部分的讀書時間，到圖書館去，隨便地瀏覽，自由地閱讀，好像啃青的牛在那兒啃草一樣，東啃一嘴，西啃一嘴；新到的雜誌，架上的書籍，隨便地翻，遇到高興的就多看一點，遇著不願意看的，放下去，再換本新的看。假如你每禮拜能有一個早晨做這類的事，你不但可以發現你自己的潛伏的興趣，同

學者風範

時也可以發現你自己的真正的長處。」

李濟就是遵循這種「東啃一嘴，西啃一嘴」的方法，經過三次改行，先攻心理學，後讀社會學，最終找到安身立命的人類學。

當李濟決定改讀人類學時，他曾找業已賦閒在家的老校長霍爾請教。老校長支持他的決定，說：「這個選擇是根據一種深厚的天性而做的決定。」

明確目標，是成功的第一步，接下來，倘想有所建樹，還得依靠「鍥而不捨的熱誠」和「精微的觀察能力」。正如許倬雲所說，這兩點正是李濟過人一等之處。

求真理不講面子

1962年2月24日，在研究院第五次院士會議上，胡適說：「十幾年來，我們在這個孤島上，可算是離群索居，在知識的困難、物質的困難情形下，總算做出點東西。這次有四位遠道來的院士出席，他們的回來，使我們感到這些工作，也許還有一點點價值，還值得海外朋友肯光臨，實在是給我們一種很大的 inspiration，希望他們不但這次來，下次還來，下次來時還多請幾個人一同回來。」

與胡適的樂觀相比，李濟接下來的發言卻顯得悲觀、消沉。李濟坦言，對科學能否在中國生根這一問題，他的看法與胡適「不完全一樣」。他認為，當時的最大問題是「科學思想在中國生根不成」：「經過五十年提倡，今天我們的成績如何？一切科學設備是向外國買來的，學生最後必須出國去，我們有什麼樣的科學大著作？還比不上日本。我真不敢樂觀，科學不能在這裡生根，就覺得它是舶來品。」

胡適原本不打算發言了，但受李濟這番話的「刺激」又站起來辯駁了幾句，沒想到因情緒激動誘發心臟病，倒地身亡。

如果說李濟「固執己見」是故意和胡適唱反調，那就是冤枉他了。李濟一直擔憂科學不能在中國生根，對胡適樂觀的論調自然不能認同。他一貫秉持的做人之道就是「直道而行」，所以，不管在這麼場合，面對的是誰，他都習慣有話直說，為此開罪許多師友，他也「直」心不改，秉性不移。

李濟敬重梁啟超，但他卻在學生面前直言梁一篇文章中的「考古學」只能算是「中國人的考古學」；李濟也敬重陳寅恪，但當陳寅恪用對對子的方式考核學生時（一年級為「孫行者」、「少小離家老大回」；二、三年級的為「莫等閒，白了少年頭」），他對此大加譏諷，說：「對對子一類的傳統國學，過於狹隘。對對子，以增加生活樂趣，啟發美感，從中所得的快樂可能不亞於解答幾何習題，兩者從精神價值上講，或許可以等同。但是『由歐幾里得（Euclid）的幾何學訓練，就漸漸地發展了歐洲的科學，由司馬相如的辭賦的學習，就漸漸地發展了中國的八股』。」李濟感慨：「八股與科學真是人類文化一副絕妙的對聯！」

李濟為何不願附和，不肯敷衍，而是選擇有話直說？因為他對中國社會的「面子」心理深惡痛絕，他認為，正是這種根深蒂固的「面子」心理帶來了虛偽，而在虛偽的廢墟上，科學如何能夠生根！

在一篇文章中，李濟以手術刀般鋒利的語句對普遍盛行的「面子」心理做了解剖。他說：「每一個人對於他的自己地位的自覺及希望別人對於他這種自覺的尊重，就構成了社會所公認的『面子』心理。中國人喜歡『裝闊』，一半是要維持自己的地位，一半是要別人尊重自己的地位；

學者風範

由此遂得了一種要求社會給他特殊待遇的一個理由：他比別人本來地位高、面子大。更進一層的演變，就是由地位的自覺，化為人格的自覺；這一心理的結合，可稱為地位化的人格自覺心。這一自覺心的形成，實是『面子』心理最真實的基礎。於是，作了皇帝的，當然就是聖人；作了方丈的，當然就是菩薩；作了神甫的，當然就代表上帝；作了社交婦人的，當然就是美人；作了學生的，當然就是讀書人了。若是自己不如此想，或是任何別人不如此想，可就丟了面子了！」

對「面子心理」造成的危害，李濟的分析一針見血：「最明顯的一節，為一般地承認人類的行為與思想有表裡兩個標準，表面的標準重於裡面的標準。以虛偽為禮貌，人與人相處互不真誠，尊之為世故；對公事公開的欺騙，名之曰官樣。在這一類型的社會希望產生科學思想，好像一個人在養雞的園庭想種植花卉一樣，只有等待上帝創造奇蹟了。」

正因了「面子」心理危害如此，李濟才會反其道而行之，有話直說，從不顧及對方的面子。哪怕對方是親朋好友，他也選擇「直道而行」「我口說我心」。

羅素欣賞李濟，而李濟也服膺羅素。對於「面子」心理的厭惡，李濟與羅素可謂「不謀而合」。羅素曾說，講面子與追求真理，有時是不相容的。並且，愈是講面子，愈不會對於追求真理發生興趣。既然李濟義無反顧踏上「追求真理」的道路，他不能不對「講面子」棄之如敝屣了。

朱家驊任研究院代理院長時曾提出把考古組與民族所從史語所中獨立出來。李濟則提出異議，他認為，臺大已有考古人類系，不宜重複設立，另外，史語所安陽發掘蜚聲中外，不應另起爐灶。礙於李濟的聲望，朱家驊不得不放棄主張，但李濟卻落下「拗相公」的惡名。其實，若

我們能體會李濟「拗」的深層動機——摒除虛偽，追求真誠，我們不但不會對他的「拗」心生不滿，反而會充滿敬意。

李濟在南京時曾遇到一位老學者。這位令人尊敬的老者曾親眼看見並且用手撫摸過乾隆的頭蓋骨。李濟便問他：「乾隆的牙，實際保存的，究竟有多少？」老者答：「四十枚牙，都保存得很整齊。」李濟吃驚地說：「這不可能吧？」老者則言之鑿鑿：「絕對的，沒有錯誤，我曾數過。」李濟便向他解釋道：「世界上的人——包括過去的化石人——一切野蠻人在內——沒有一個人有 40 枚牙的呀！」老者仍然堅持，說：「我曾親自數過。」李濟再次解釋，說：「這是不必辯論的；因為靈長目各科屬動物，所具的牙齒數目，已是一件科學的事實。人類的牙——若是正常發展的——自從有生人以來，沒有超過 32 枚的。一般的現代人，尤其是中國人，大多數的只在 28 枚至 32 枚之間。」

從這件事可看出，當「講面子」與「求真理」發生衝突時，李濟會毫不猶豫選擇後者。至於因此得罪人，或落下「拗相公」的罪名，他才不會管哩。

李濟的「直道而行」得罪了許多人，但也有人欣賞他的率直與真誠。丁文江就是一位。李、丁兩人相識不久，李濟就直言相告，說丁文江在昆明做過的人體測量中有些數字是錯的。丁文江重新核查，才發現是因為自製的卡尺不精確導致了數據不準。丁文江沒怪罪李濟的唐突，反而欣賞他的「挑刺」。後來，有外國學者請李濟參加他們的團隊，從事考古工作，李濟舉棋不定，向丁文江徵求意見。丁勸他參加，因為從事科學研究的人，有機會獲得第一手資料，就不要輕易放棄；同時他建議李濟，和外國人打交道，最好的辦法是「直道而行」。

學者風範

徐志摩是丁文江和李濟的共同朋友。

徐志摩逝世後,丁文江在悼念徐志摩的文章中,說:「志摩是一個好人,他向不扯謊。」丁文江去世後,李濟在悼文中說:「這(向不扯謊)不但是最恭維志摩的一句話,並可代表在君的人生觀。」

其實,「向不扯謊」正是徐志摩、丁文江、李濟共有的人生觀。因為「向不扯謊」是「求真理」的必備條件。

梅蘭芳竟然成了楊貴妃

1930年代,李濟和傅斯年有過一次閒談。當時,傅斯年對午門檔案整理工作有些失望。李濟問他原因,傅斯年說:「沒有什麼重要的發現。」李濟反問:「什麼叫做重大發現?難道你希望在這批檔案裡找出滿清沒有入關的證據?」傅斯年聽了哈哈大笑,意識到自己說了錯話。身為歷史學家,他當然聽出了李濟的弦外之音:史料的價值就在其本身的可靠性。

身為一名考古學家,李濟深知史料,尤其是發掘出來的原始資料的重要性無與倫比。他曾說:「一切的原始資料,只要能展現人類的活動,哪怕是殘陶碎骨,只要是經過有計畫的科學方式採集得來的,就能顯現真正的學術價值。」

李濟主持的安陽發掘工作,取得不少珍貴的原始資料,這些資料將中國學界的歷史研究推向縱深。在〈城子崖發掘報告・序〉中,李濟寫道,發掘出的新資料將有助於歷史學家們寫出靠得住的中國上古史:

「考古工作是極有準繩的,至少我們應該以此自律。我們固不惜打破以中國上古為黃金時代的這種夢,但在事實能完全證明以前,顧頡剛先生的『層累地造成的古史』也只能算一種推倒偽史的痛快的標語;要奉為

分析古史的標準,卻要極審慎地採用,不然,就有被引入歧途的危險。

「殷墟發掘的經驗啟示於我們的就是:中國古史的構成,是一個極複雜的問題。上古的傳說並不能算一篇完全的謊帳。那些傳說的價值,是不能遽然估定的。只有多找新資料,一步一步地分析它們構成的分子,然後再分別去取,積久了,我們自然會有一部較靠得住的中國上古史可寫。」

李濟還充滿自信地說,地下發掘出的新資料已改變史學界的風氣:「十餘年前,舊一點的史學家篤信三皇五帝的傳說,新一點的史學家只是懷疑這種傳說而已;這兩種態度都只取得一個對象,都是對那幾本古史的載籍發生的。直等到考古學家的鋤頭把地底下的實物掘出來,史學界的風氣才發生轉變。」

歷史學家翦伯贊承認,李濟主持的考古工作,改變了歷史學的研究程序:「人們開始由盲目的信古而進到疑古,更由消極的疑古,而進到積極的考古。」

科學方式有助於我們獲得真實可靠的資料,但我們在工作時必須慎重,否則一不留神,資料就會「失真」。

1920年代,李濟曾和魯迅等人一道去西安講學。當時西安青年會正舉行一次消滅蒼蠅的動員宣傳活動。貼標語,辦展覽,好不熱鬧。為了突出蒼蠅的可憎面目,主辦方(來自美國)將蒼蠅放大十倍,製成圖片貼在牆上。老百姓看後,嘖嘖稱奇:「怪不得外國人怕蒼蠅怕得這麼厲害,原來洋蒼蠅比我們中國蒼蠅大這麼多!」

你看,一個失真的「資料」,只能發揮令人啼笑皆非的效果。

1928年,李濟在美國的一家博物館參觀,看見陳列室裡有一尊楊

學者風範

貴妃塑像，穿戴齊整，栩栩如生。但李濟湊近一看卻心生疑竇。原來，「楊貴妃」穿的衣服很像戲服，而她的臉龐卻酷似京劇演員梅蘭芳。一打聽，才知道，這個塑像脫胎於京劇《貴妃醉酒》。李濟提醒主辦者，說：「那是戲啊！」對方卻振振有詞：「難道這戲演的不是楊貴妃嗎？」

這兩件事讓李濟更加重視資料的可靠性。因為，一旦資料失真，也就沒有了學術價值。試想，按梅蘭芳的面貌塑成的「楊貴妃」，除了貽笑大方、貽誤後人，還能有什麼用？

終年辛苦等於燒了半噸煤

經濟學家何廉是在國內引入市場調查指數的第一人。在南開的一次教授會議中，何廉強調統計數字的作用，校長張伯苓問他：「你用這些數字幹什麼？你想發現什麼？」何廉答：「我的統計研究可以幫助我們用科學方法復興中國。」

對於科學研究來說，資料非常重要，因為它能準確、直觀地揭示問題的實質。和何廉一樣，李濟對統計資料也非常重視。在一次題為〈如何辦科學館〉的講演中，談到「節省人力，利用物力」時，他舉了一個例子：「記得三十年前，在天津南開大學教書時，有一位教物理的美國人告訴我說：他曾計算過中國苦力階級每人每年能用的全部精力的總和，約等於半噸煤炭的燃燒力量，換句話說，一位勞動階級的中國同胞，胼手胝足，終年辛苦，對社會所貢獻的動力，等於燒了半噸煤的機器所做的工作；所以火車頭燒了半噸煤的運輸力量，就等於一個挑擔子的中國人挑了一年的擔子，一位拉人力車的車伕拉了一年的車。」講到這裡，李濟提高聲調說：「這些事實若能用實物陳列出來，看的人能夠無動於衷嗎？」

為什麼不會「無動於衷」，因為「半噸煤」這個數據將中國勞工的人力之微，人生之艱具體、準確、直觀地表現出來，這才讓人一聽就懂，且印象深刻。

科學館、博物館是學習知識的好去處。李濟強調，要想充分利用科學館、博物館，裡面的實物陳列要「直觀」、「科學」。1960 年，李濟在芝加哥，由老弟子許倬雲、連戰陪同參觀動物園時，突然冒出一句話：「若有動物園能按『進化樹』的觀念來排列動物，將會有何等教育意義！」

按「進化樹」排列，就會讓遊人非常直觀地了解生命演進的歷史，一目了然，印象深刻 —— 效果比上多少堂課都好。

百世不易之金針

李濟做學問做事都堅守自己的原則。

1924 年，美國佛利爾美術館邀請李濟和他們合作，在中國境內進行考古工作。李濟同意了，但提出兩個條件：一、在中國的田野考古工作，必須與中國考古團體合作；二、在中國發掘出來的古物，必須留在中國。對方在回函中同意了這兩個條件：「你的條件，我們知道了。我們可以答應你一件事，那就是我們絕對不會讓一個愛國的人，做他所不願做的事。」

抗戰時期，李濟多次拒絕美國提供的職位，堅持為中國效力。戰爭期間，缺醫少藥，他的兩個愛女，相繼夭亡。多年後，妻子因思念亡女，仍會含淚責怪丈夫沒有遠赴美國。妻子聲淚俱下，李濟垂首不語，待妻子感情平復，他才長嘆一聲：「大難當頭時，只能一起挺過去，總不能棄大家而去，總不能坐視孟真（傅斯年）累死！可是，我這輩子對不住兩個女兒啊！」

學者風範

為國家犧牲了兩個女兒，李濟心痛，但不後悔。從這件事可看出李濟的風骨、風範與風格。

李濟負責考古工作後，為考古組同仁立下一條規矩，那就是考古工作者不得購買、收藏古物。他解釋說，立這條規矩，一來把自己與古物販子、文物收藏者區別開來，同時也可減緩、扭轉盜掘古物的風氣。考古學家勞榦高度評價了這個規矩，認為這是「百世不易之金針」。李濟的部下和學生，都終生守住這個規矩，比如大名鼎鼎的許倬雲。

李濟最擔心的問題就是科學能不能在中國生根。如何讓科學在中國生根，如何讓研究者具備研究自然科學的真精神，李濟給出的辦法是：

首先，研究者要做到「無欲無惡」，不偏不倚：「所謂研究自然科學的真精神者，至少應該保持如荀卿所說『無欲無惡，無始無終，無近無遠，無博無淺，無古無今，兼陳萬物而中懸衡焉』的態度。養成這態度最大的阻礙，自然是感情。尤其是在人文科學範圍以內，感情最難抑制；結果多少總是『蔽於一曲』而失其真。」

弟子許倬雲認為，他的老師李濟做到了這一點：「由於全人類是他研究的背景，他研究中國歷史時，可以真正做到不偏不倚，誠實地追尋古史中最可能接近真相的面目，不受偏見的蔽囿。」

其次，李濟不認同「戴著有色眼鏡」來研究問題。尹達在回憶中談了這樣一件事。當年，在殷墟發掘工地上，尹達正在標本室裡看書，見李濟進來，忙把書藏在枕頭下，李濟問：你在看什麼書？尹達不便掩藏，就拿出那本小冊子，是一本關於社會發展史的通俗小冊子。李濟翻了一下，說：「我們作科學考古的人，不要戴有色眼鏡啊！」

最後，對於科學研究，李濟特別重視的是田野調查。傅斯年有句名

言廣為流傳,那就是:「上窮碧落下黃泉,動手動腳找東西。」李濟和他持相同的觀點:一個科學研究者,不能枯坐書齋,而要在廣闊的田野上,「動手動腳」去實做。

談到什麼樣的觀念對中國人生活形態影響最大?一個洋神父這樣說:

「我認為造成中國社會落後,有一個原因來自中國人受儒家思想的影響太大。孟子說:『勞心者治人,勞力者治於人;治於人者,食人;治人者,食於人。』這句話支配了中國知識分子的思想和行為,使中國人的知識無法實驗,知識和技術無法運用在日常生活上。而西方的學者,往往是手拿釘鎚、斧頭的人。在西風東漸之前,中國學者是不拿工具,不在實驗室中做工的。西方的知識、技術,卻在實踐的過程中獲得不斷地修正和突破。而中國人縱有聰明的思考力,精於算術,很早能發明火藥、羅盤、弓箭,卻沒有辦法推動科技,發展機械文明。因為,在儒家思想影響之下,高級知識分子的領導階層,輕視用手做工。機器的發明與運用只限於末流的平民階級,大大地阻礙了知識的發展。」

說到這裡,這個洋神父突然停下來,加重了語氣:「其實,以上意見是李濟先生說的,我不過是同意他的看法罷了。」

可知,在李濟看來,「動手動腳」去田野調查,不僅是一種工作方法,更是一種觀念的轉變。這一觀念能否轉變,在李濟看來,直接影響科學能否在中國生根。所以,只要有機會,李濟就呼籲同仁們走出書齋,奔向田野。1948 年 1 月,在紀念蔡元培的一次會上,他說:「斯文赫定博士(Sven Hedin)有一次告訴我說,三年不回到駱駝背上,就要感到腰痠背痛。這一句話最能得到考古組同仁的同情;他們卻並不一定要騎在駱駝背上,他們只要有動腿的自由,就可以感覺到一種『獨與天地

學者風範

精神往來』的快樂。」

李濟在臺大授課時，第一堂課都會問學生一個問題：「在一片草坪上，如何尋找一個小白球？」學生一般都不敢貿然回答，李濟便開始循循誘導：「在草坪上，畫上一條一條的平行直線，沿線一條一條地走過，低頭仔細看，走完整個草坪，小球一定會找到。」李濟用這個故事告訴學生：做人處事與讀書治學，最笨最累的方法，往往最有效。

多年後，弟子許倬雲仍然記得這個故事，並說這個故事對他影響深遠：「我自己讀書做事，深受老師的影響，一步一腳印，寧可多費些氣力與時間，不敢天馬行空。」

李濟對中國考古學的貢獻有目共睹，他為同行立下的這些規矩，教給弟子的這些治學原則，也是一筆不可多得的財富。

顧隨：人間重有情

「他在我幼小的心靈上撒下了文學愛好、
研究以及創作的種子。」

1897年2月11日，河北省南部的清河縣壩營集一戶殷實之家，誕生了一位男孩。他就是後來享譽杏壇又傾心創作的顧隨。他原名顧寶隨，後改名顧隨，字羨季，別號苦水，晚年號「駝庵」。

顧隨祖父是當地的秀才，曾幾次進城趕考，想中個舉人，光耀門楣，但都事與願違，名落孫山，遂把中舉的希望寄託在兒子，也就是顧隨父親的身上。顧隨的父親雖然勤奮刻苦，嫻於八股，但不久，科舉取消了。中舉這條路也就中斷了。

顧隨出生在遠離都市的鄉下，祖父、父親從事的是農業與商業，但這個家庭讀書氛圍十分濃厚。

在課子讀書方面，顧隨父親顯得十分急切。兒子牙牙學語時，他就教他背誦唐人五絕，四五歲時正式入塾讀書。私塾先生就是顧隨的父親。關於幼年讀書，顧隨有這樣的回憶：「自吾始能言，先君子即於枕上授唐人五言四句，令哦之以代兒歌。至七歲，從師讀書已年餘矣。」

父親疼愛兒子，但在學習上要求十分嚴格。所講授的四書五經、諸子百家及唐宋八大家文章等都必須熟讀成誦，一天中，早晨、上午、下午不能離開學堂。顧隨後來能成為學術大家，與這段時間的苦學密切相關。

當時父親要求對所講授的古典詩文，要能講解，能背誦，而顧隨十

學者風範

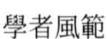

歲前就能做到這一切，七歲起開始做文言文，八歲即能完成三百字的短文，且無文法錯誤。

父親嚴格但也開明。那時候，小說不登大雅之堂，讀書人往往不屑一顧。但顧隨父親卻喜讀小說，也允許兒子讀。顧隨因此十歲前讀了大量的古典小說。苦讀四書五經，當然打下了堅實的國學功底，但那古奧生澀的詞句，沉悶嚴肅的內容，對一個孩子的靈氣與悟性往往構成一種不易察覺的傷害；而語言生動、情節活潑的小說能發揮很好的調劑作用。受父親的影響，顧隨養成了愛讀小說的嗜好，甚至在十五歲時萌發了當小說家的念頭。成年後雖然拿起了教鞭，但顧隨還是擠出時間創作了幾篇優秀小說。

也許是常年用心苦讀的緣故，也許是潛移默化、耳濡目染的作用，顧隨在閱讀古典詩詞時顯示了過人的理解力與感悟力。有一年的某段時間，母親回娘家去了，父親怕耽誤兒子學習，沒讓年幼的顧隨跟著一起去。白天讀完四書五經，晚上父親又為他講頌古典詩歌。那晚讀的是杜甫〈題諸葛武侯祠〉，讀到「遺廟丹青落，空山草木長」時，顧隨忽然覺得四周牆壁突然消失，自己置身在一片荒山野嶺中，那時候的顧隨還從未見過真正的山，只朦朦朧朧在文字和圖畫中見識過所謂的山。顧隨把這一奇妙的感受告訴父親，父親微笑不語，沉吟良久，這一刻，他知道自己的兒子是難得的讀書種子，因為兒子誦書不是用口而是用心。全身心地浸入文字，讀書當然能讀出一番天地。

顧隨的身上，承擔著父親的熱望；而他的成長，自然凝聚著父親的心血。如果沒有父親的關心、呵護和引導，顧隨的求學之路不會那麼一帆風順的。父親恩重如山，顧隨對此心知肚明。回憶父親，他寫下一段飽蘸感情的話：「我很感謝我的父親，他在我幼小的心靈上撒下了文學愛

好、研究以及創作的種子，使我越年長，越認定文學是我的終身事業。他又善於講解，語言明確而又風趣，在講文學作品的時候，他能夠傳達出作者的感情；他有著極洪亮而悅耳的嗓音，所以長於朗誦：這一些於我後來做教師、講課都有很大的影響。」

十一歲那年，顧隨在祖父的要求下離開了家庭私塾，入讀縣城的高等小學堂。高小畢業後又在中學讀了幾年。在當地，讀完中學，讀書算是讀到頂了。但顧隨父親不甘心，他執意要送兒子進京考大學。身為過來人，他知道兒子待在鄉下，雖說中學畢業但卻無用武之地，讀的那些書就浪費了，而一個年輕人，在偏僻的鄉下，在灰暗的大家庭，很快就會頹唐下去。顧隨父親在這方面有切身體會，他決意送兒子進京考大學是不願讓兒子走自己的老路。

1915年，父親送顧隨進京報考北京大學。先步行三天到山東德州，從那裡坐火車赴北京。正是酷寒的隆冬季節，一天晚上，父子倆住宿在一家條件簡陋的小旅店。顧隨年輕，奔波了一天，倒頭就睡了。父親卻冷得睡不著。窗戶紙沒糊嚴，冷風直往裡灌，父親擔心兒子被冷風吹，就向店家要來糨糊和紙，花了小半夜，把窗戶糊嚴實。顧隨一夜安眠，父親卻是一宿未闔眼。

有一年因為鬧土匪，顧隨不能出外工作，就在家讀閒書，沒事時和孩子們打打鬧鬧，有些長輩看不慣，批評他越長越沒出息了。可父親卻替兒子辯護，說：「讀書的人，總要有二三分呆氣，才能到得好處。聰明外露，千伶百俐的人，讀書絕不會有成。」

學者風範

思切實知心火爇，夢酣唯見臉霞紅

顧隨妻子徐蔭庭出身大戶人家，略識文墨，賢惠溫良，精女紅，善烹飪。顧隨大學畢業後即在外教書，按當時的規矩，妻子只能待在鄉下侍奉公婆。顧隨和妻子聚少離多，但兩人感情極深。

則長年孤身一人，他只能一次又一次把對妻子的思念傾注於詩句中，如〈忍笑〉：

心緒分明上兩眉，淺深那復合適宜。

眾中相別人前見，忍笑何如忍淚時。

如〈晝寢〉：

寶簾金鳳小房櫳，四扇紗窗晴日烘。

思切應知心火爇，夢酣唯見臉霞紅。

爐中煙裊香衾暖，枕畔釵橫雲鬢鬆。

水遠山遙天漠漠，勞魂一任自西東。

他也一次次把對妻子的深愛填入詞中，如〈蝶戀花〉：

僕僕風塵何所有。遍體鱗傷，直把心傷透。衣上淚痕新疊舊。愁深酒淺年年瘦。

歸去勞君為補救。一一傷痕，整理安排就。更要閒時舒玉手。熨平三縷眉心皺。

如〈八聲甘州〉：

嫩朝陽一抹上窗紗，依然舊書齋。盡朝朝暮暮，風風雨雨，有甚情懷。記得君曾勸我，珍重瘦形骸。不怨吾衰甚，如此生涯。

底事年年輕別，只異鄉情調，逐事堪哀。看兩行櫻樹，指日便花開。好遺君二三花朵，佐晨妝、簪上翠鸞釵。算跟我、賦詩攜手，共度春來。

每逢假期，顧隨回到家中，與妻子久別重逢，妻子的歡喜自必說，常抱著孩子嗔怪丈夫：「你為什麼才回家，我在家裡等你兩個多月了。」顧隨聽了心酸，解釋道：「在外做事有苦處，難道妳不明白？」妻子說：「你不會不做事嗎？誰教你吃蜜似的趕著跑呢！」尋常的對話顯露出夫妻之間的深愛。

妻子的父親和弟弟不幸在一週內相繼去世。顧隨在致友人信中傾訴內心的哀傷：「曾一度夜深不寐，流淚溼枕」，「既痛死生靡常，又恐內子孱弱之軀，哀毀致疾」。

顧隨趕回家，有心安慰、開導悲痛的妻子，但又怕自己的話勾起妻子的傷心，妻子也擔心自己的悲戚加重丈夫的擔憂，「兩人都憋著一肚子話」。「這種滋味，真未免難堪。」

一次，顧隨從某位親戚的言語中覺察到家中的妻子應已分娩，但親戚未向自己道喜，顧隨猜想，這是親戚以為新添的又是女孩，怕他失望。其實，顧隨從未有重男輕女的思想，妻子也一樣。想到思想守舊的家人可能會給妻子臉色看，讓妻子難堪、委屈，顧隨大慟：「不禁欲哭已！」

在給友人的信中，顧隨多次表達了對妻子的深愛：

「今天下雨，枯坐無聊，很想念家鄉，並且很想念『她』。我是一個何等的不長進的少年人啊！」

「昨晚大約是打牌受累，歸來躺下之後，雖然遂即入睡，但在睡中卻大做其夢，夢見蔭庭君與小女兒；且一夢不已，而至於再，至於三……」

「我急於回家,看看蔭庭去了。」

「脫稿尚不知何時,大約十日左右,可得端倪。爾時無論如何,必返故鄉,與蔭庭一聚。閒居甚念伊,只以寫東西之故,遂爾割愛。」

雖只三言兩語,但對妻子之愛可謂「濃得化不開」。

有年暑假,顧隨既想留校用功讀書,又想回家和妻子團聚,陷入兩難境地。他想到上次回家度假,離家前夕,安慰妻子說:「再有四個月,我便來看妳。」妻子正抱著小女兒,輕輕瞥了丈夫一眼,嘆口氣說:「你這個人啊,哪裡靠得住。」想到這一幕,顧隨當即決定回家過暑假,他對朋友解釋:「我如暑假不回家,太對不起蔭庭了。」

在顧隨眼中,母親是天下最善良最美麗最賢慧的女子,可是因為繼祖母的折磨,母親憂鬱早逝。每每和妻子談起母親,顧隨言語中的哀傷都讓妻子眼含淚水。一次,妻子抱著剛滿週歲的女兒對丈夫說:「這孩子要有她的祖母在著,夠多幸福啊?!」

某年清明,顧隨和妻子抱著孩子給母親掃墓。妻子忽然變了臉色,淚水直流,直至控制不住嗚咽起來。蔭庭未見過婆母,但她從丈夫的訴說中感受到一個兒子對母親的深愛,也體會到一個兒子失去慈母的痛。丈夫的愛與痛她感同身受。所謂知心愛人,這就是了。

顧隨在輔仁大學教書時,一則授課任務重,二來飲食起居乏人照料,顧隨身體越來越壞,竟染上咳血症。父親獲悉後,當機立斷,頂著舊家庭的巨大壓力,讓兒媳帶著孫女去北平和兒子團聚。在妻子的精心照料下,顧隨的咳血症漸漸痊癒。

一家人在北平團圓後,徐蔭庭夙夜操勞,精心料理丈夫的衣食起居,顧隨這才得以全身心投入教學與著述中。對妻子的付出,顧隨心知

肚明，多次對女兒們說：「我這一輩子做成的事，有一半是妳娘給的，要是沒有她，不用說做什麼，恐怕人早就不行了！」

1942 年，顧隨失業，妻子病重，家中一片愁雲慘霧。顧隨賦詩一首，以示對病妻弱女的關切：

廿載同甘苦，清霜兩鬢添。

藥將愁共煮，貧與病相兼。

猶念理針線，所憂唯米鹽，

劇憐嬌小女，無語蹙眉尖。

1947 年 2 月，顧隨的弟子為慶賀老師五十歲生日，用墨綠松枝編了一個大大的「壽」字。顧隨對弟子們說：「今年我們老夫婦二人的年齡加起來整是一百，還是用『百壽』二字好。」此舉顯露了顧隨對妻子的尊重與深愛。

葉嘉瑩寫的祝壽詞是給老師的最好禮物：「先生存樹人之志，任秉木之勞。卅年講學，教布幽燕。眾口絃歌，風傳洙泗。極精微之義理，賅中外之文章。偶言禪偈，語妙通玄。時寫新詞，霞真散綺。寒而毓翠，秀冬嶺之孤松；望在出藍，惠春風於細草……」

1959 年 12 月 18 日，顧隨在致弟子周汝昌的信中說：「明年夏是述堂與山妻結褵四十年紀念，又，不佞教學年資亦整整四十年。馬齒加長，事業無成，唯愚夫婦白首齊眉，可自慰且慰諸友好耳。」可見，在顧隨心目中，與妻子白首齊眉是人生重大成就之一。

顧隨走上讀書治學之路，得益於父親的引導；而他則將安心教書、著述歸功於妻子的悉心照料。沒有父親的謀劃與決斷，沒有妻子的辛勞與關心，顧隨取得的成就定會大打折扣。

我有同心三五友,何時酌酒細言愁

顧隨重親情,也珍惜友情。他和盧伯屏、盧季韶兄弟倆以及馮至等人的友誼終生不渝,譜寫了一曲動人的歌。

顧隨和友人之間的大量書信見證了他們情同手足的友誼。在信中,他們探討人生、交流思想、砥礪學問、訴說煩惱、分享快樂。

顧隨給盧伯屏的第一封信就是建議好友讀胡適名著《中國哲學史大綱》:「此書為胡適之慘淡經營之作,於吾輩研究文學、哲學或教育學都有輔助,望勿以等閒視之。」

在盧伯屏謀事難成,心力交瘁之際,顧隨寫信安慰:「研究學問是『從吾所好』,做事是『隨人轉移』的。急不得只好等著,沒有別的法子。你且莫著急,老天不負苦心人啊!」

他在信中誇盧伯屏為「塵世上第一等人物」,理由是:「伯屏心太熱,只好做塵世間人;心又太好了,所以為第一流人。」

和好友分別之後,他給伯屏寄去一首「口占」,詩句樸素,感情真摯:

君已到京師,
曾見老馮未?(馮至)——
詩思長幾許?
近可有新淚?
君弟字季韶,
我亦呼「四弟」。
素不好為兄,
今茲果何意?

幽谷有佳人，（老孫）

是君門弟子。

不枉教育家，

得此堪自喜。

聞道餘幼臣，

沉幽富思想——

緣慳未識荊，

請君致嚮往。

當國事蜩螗，盧伯屏心煩意亂、焦躁不安時，顧隨舉歌德的例子加以勸慰：「拿皇破德時，德人若不能保朝夕。歌德卻一頭埋入故書堆中，研究東方文化。我輩何敢希此老於萬一，存此志可耳。」

得知盧伯屏有熬夜的習慣，顧隨深感不安，隨即去信告誡好友「此等生活亦大非養生之道」，提醒他「第一必善保其身，始可以言有為」，批評他「若兄近日之生活，則直糟蹋戕賊而已，甚非所以自處」。

顧隨在信中為好友提供了健康的生活方式：「每日下午至湖邊散步多時，以稍覺疲乏為度。歸來進晚飯後，稍一舒散或偃臥，再起就位讀書。至晚亦須在十二點以前入睡——是入睡不是就枕。菸要少吸，酒要少飲。至要，至要。」

顧隨和朋友都熱愛文學，顧隨有時就借詩詞和朋友探討人生，比如這闋〈蝶戀花〉：

誰道聰明天也妒？誰道聰明，反被聰明誤？誰道聰明無用處？聰明才好人間住。憑仗聰明尋出路；裝得糊塗，真個糊塗否？此世不嘗人世苦，今生不解人生趣。

學者風範

如顧隨所說，這是「以詞之形式，寫內心的話」，和朋友交流思想。

顧隨因與盧伯屏結交而與其弟盧季韶也成為好友，並視之為弟。正如顧隨在詩中說的那樣：「其弟我常視若弟，其兄我亦事如兄。君長燕南我趙北，論交敢與古人爭。」相識不久，顧隨就在信中指出季韶有兩個缺點：乾，剛。

顧隨解釋，所謂「乾」，就是興趣少，嗜好少。顧隨說，「嗜好」在這裡不是一個壞名詞，因為一個人，嗜好到了最深的時候，才會抵達「昂頭天外、脫身紅塵」的境界。至於「剛」，顧隨說，這本不算一種毛病，但「過剛則折」。為了維持「剛」而不至於「折」，顧隨指點季韶要善於養「堅」：「譬如鐵是剛的，然而生鐵最好折；熟鐵卻不然了。這就因為熟鐵於剛以外，又加上一個『堅』字的緣故。」顧隨解釋道：「這就是古人所謂『養氣』的功夫。」

顧隨還多次在信中建議朋友們把握當下，因為「人永遠是惋惜著過去，而不會利用現在的。……現在我想把眼前的生活，過得切實一點，豐富一點；即使為將來的回憶打算，這也是值得過的事情哩！」

顧隨還用一首〈小桃紅〉表達了這層意思：

不是豪情廢，不是雄心退。月下花前，才抽歡緒，已流清淚。甚年來詛咒早心煩，也無心讚美？一種人間味，須在人間會：有限青春，葡萄釀注，珊瑚盞內。待舉杯一吸莫留殘，更推杯還睡。

顧隨還特別解釋說：「我的意思是說，好好地愛惜我們的生命，好好地生活下去，有如把一杯好酒，一氣喝乾，待到青春已去，生命已完，我們便老老實實地躺在大地母親的懷裡休息，永遠地，永遠地。」

顧隨曾有意在北京尋一合適小院落，「以清幽僻靜者為最佳」，作為

他和盧伯屏的書齋，如此他們可朝夕晤談，共研學問了。

顧隨和盧伯屏原本在青州工作，後盧伯屏決定赴京謀事，臨別之際，不勝依依，顧隨以詩訴情〈送伯屏晉京〉：

一

伯屏要走了！

三個月的聚會，往來，

而今要分手了！

你到北京，見了季韶，

替我問候。

並且說：「老顧是我們的一個朋友。」

二

伯屏要走了！

三個月的聚會，往來，

而今要分手了！

你到北京，兄弟們聯床談心，

同案吃飯飲酒。

那時孤燈底下的我，

被成隊的蚊子右咬一口，左咬一口！

三

伯屏要走了！

三個月的聚會，往來，

而今要分手了！

你到北京，便算到家。

可愛而難忘的家啊！難道我沒有？

我家裡有許許多多愛我的人；

然而絕沒有和你一樣的好友。

四

伯屏要走了！

三個月的聚會，往來，

而今要分手了！

「你到北京，常常給我來信」，

這句話，我時時掛口。

我要說的，還有千言萬語，

寫在紙上，只有詩四首！

顧隨致一位患病友人的信中說：「青島櫻花，能支持一月，此刻才開，來日方長。兄幾日大愈，再命駕來青，亦不為晚。幸勿以此焦急。」

顧隨明知櫻花只開七日，為寬慰好友，才說「能支持一月」。在另一封信中，他寫道：「櫻花近日開得爛霞堆錦，中國花唯海棠差勝其嬌豔。而遜其茂密。我日日往遊，無間晨夕。唯近中情懷，淒涼益甚，每對好花——以及好月、好酒——輒恨無同心摯友，同賞、同玩、同飲也。」

因無好友「同賞、同玩、同飲」而「淒涼益甚」，足見友人在顧隨心中占據怎樣重要的位置。

顧隨視友人為親人，就連他的家人也視顧隨之友為家人。顧隨信中

的一段話證明了這一點：

「最有趣的是我的家庭裡，我的父親、叔父們是不用說的了；就是我繼母同蔭庭（她們都是舊式的女子）每逢我回家來，總要問一問盧伯屏現在哪裡呢？他的兄弟呢？馮君培呢？劉次簫呢？於是我也不厭其詳地反覆申說，她們也含笑地聽著。實在地說起來，你同次兄在我的家庭裡，簡直是我的兩位長兄，而非覆在朋友的地位上，這是多麼有趣的事情啊！」

1923年9月17日，顧隨「病中無聊，得詩一首」，吐露了他對友人的思念：

蟲聲四壁起離憂，斗室繩床真羈囚。

心似浮雲常蔽日，身如黃葉不禁秋。

早知多病難中壽，敢怨終窮到白頭。

我有同心三五友，何時酌酒細言愁。

師弟恩情逾骨肉　匡扶志業託謳吟

顧隨1920年大學畢業後，即赴山東青島等地的中學任教，後經恩師沈尹默推薦，在燕京、輔仁等大學授課。1949年後，他本可以從事研究工作，但還是選擇去天津女師做教師，理由是：「我離不開學生。」

顧隨學問好，口才好，甫一登上講臺就受學生歡迎。在給朋友的信中，顧隨多次與朋友分享了課徒之樂。

學生曹淑英君作了一首小詩：

「如果你看見花草們將要枯落，你也不必再去管她們了。

你就算勉強去培植，心裡也是不舒服呀！」

學者風範

還有王素馨的一首：

「雨後郊野的綠草，

洗了臉還沒擦似的含著些露水珠兒！」

老兄！您瞧這多像是我作的呀！

真是老顧的學生呢！

「學生甚活潑，但太能嚷──天津味兒也。一發問，則應者如雷。弟在青時，每作雋語，無一笑者──或不解，或不敢。此間則大異：雋語一出，笑聲閧堂上震屋瓦。」

一天上課，顧隨偶然在班上談及宗教問題，說：「宗教中的『神』是信仰對象的虛擬物。──這定義未免太累贅。」學生問：「老師有信仰嗎？」顧隨答：「正在徘徊歧路。你們有信仰嗎？」有學生答：「無。」也有學生說：「老師便是我們的信仰」。顧隨笑了：「還到不了這個高度。」儘管學生的話未免誇張，但得到學生的認可，顧隨還是打心眼裡高興的。

在顧隨，教書不僅是一種職業，也是一種寄託；學生不僅是門生，也是朋友：「若我輩與女中二三子，豈止師生之關係而已？共患難，同哀樂，直友人耳，且求之於友而不可數數得也！」

在給友人信中，他承認自己是有「野心」的：「其實弟亦野心；即此野心，真害人不淺。教書本一吃飯道路，而弟則以為應當收相當之效果。此念雖小，亦是一種野心。」

顧隨在天津女師任教時極受學生歡迎，這段愉快的經歷讓他覺得自己的「野心」幾乎實現了，「使我相信教育的效果」。當他即將赴燕京大學教書，不得不離開天津女師時，頗覺戀戀不捨。在給好友信中，他吐露了當時複雜的心緒：

「屏兄，倘使你到天津來，看一看我教的那三班學生作的文，你一定也替我高興的。伊們敬畏我，親近我，看我如『引路的明燈』、『旱天的甘霖』（此二短語皆學生文中批評我的話頭）。我只恨自己沒有深刻的思想和充足的知識。⋯⋯但據近日調查所得，我在學生心裡，又將成為偶像了。」

「屏兄，我說你看了伊們的國文卷子高興，並不是伊們如此地『捧』我；乃是說伊們的國文進步得是那樣地快⋯⋯伊們的青年氣是那樣十足，思想又是那樣新穎而且刻入，致使我以為：中國的青年到底是有希望的；而且又使我相信教育的效果。一旦離此他去，我覺著有點兒捨不得。⋯⋯但大原因卻在伊們的心靈 —— 那純潔青春的心靈 —— 十足地感動了我。」

在恩師沈尹默的推薦下，顧隨在教了多年中學後首次站上大學講臺。為了在新環境下盡快立足，顧隨下了苦功。他對子女說：「我在大學裡教書，沒當過助教，一進門就是講師，這全是靠了老師的力量，所以進了大學，不用說別的，為了不給老師丟臉，我也得好好賣力氣！」說到這裡，旁邊的妻子插話道：「你爸爸要不是因為『賣力氣』，哪裡至於累得吐血！」可見，為了把書教好，顧隨真是拚了命。

備課，焚膏繼晷；講解，旁徵博引；批改作業則一絲不苟。學生的每份作業都有評語，且絕不雷同。葉嘉瑩是顧隨最得意的學生之一，她一直保存著學生時代的作業，那上面老師批改的手澤凝聚著老師的心血與熱望。

如葉嘉瑩〈鷓鴣天〉末句：「幾點流螢上樹飛」，顧隨將「上」改為「繞」，並註明：「上字太猛，與螢不稱，故易之。」〈春遊雜詠〉中「年年空送夕陽歸」，顧隨將「年年」改為「晚來」，並說明，「年年」與「夕陽」

學者風範

衝突。〈寒假讀詩偶得〉「詩人原寫世人情」一句,則被改為「眼前景物世間情」。對於老師的批改,葉嘉瑩說:「一般來說,先生對我之習作改動的地方並不多,但雖然即使只是一二字的更易,卻往往可以給我極大的啟發。先生對遣辭用字的感受之敏銳,辨析之精微,可以說是對於學習任何文學體式之寫作的人,都有極大的助益。」

身為老師,得葉嘉瑩這樣的英才而教之,顧隨也是滿心喜悅,忍不住在批改作業時大加鼓勵:「作詩是詩,填詞是詞,譜曲是曲,青年清才如此,當善自護持。勉之,勉之。」

後來,葉嘉瑩每當身處困境,心生倦怠時,想到老師的鼓勵,便振作精神,在讀書治學的路上奮力前行。

對於葉嘉瑩這樣的高徒,顧隨當然有更高的期望,在給對方的信中,他明確表示不希望對方做一個「傳法弟子」,而要求對方「別有開發」:

「年來足下聽不佞講文最勤,所得亦最多。然不佞卻並不希望足下能為苦水傳法弟子而已。假使苦水有法可傳,則截至今日,凡所有法,足下已盡得之。此語在不佞為非誇,而對足下亦非過譽。不佞之望於足下者,在於不佞法外,別有開發,能自建樹,成為南嶽下之馬祖;而不願足下成為孔門之曾參也。」

周汝昌是顧隨在燕大任教時的另一位得意門生,顧隨在給友人信中稱譽其「於中文亦極有根底,詩詞散文俱好,是我最得意學生」,對他,顧隨也提出了同樣的要求:

「近詞數章,筆意清新,尤為可喜。如此猛晉,真乃畏友,苦水遂不欲以一日之長自居矣。呵呵!禪宗古德曰:『見與師齊,減師半德;見過於師,方可承受。』然哉,然哉!」

「老僧廿年來登臺說法，呵佛罵祖，年將五十乃得玉言，其發揚逴躒乃復過我，可畏哉，可畏哉！然而老僧卻不免嫌玉言落入法障，從今以後，試將詩話、詞話之類一齊放下，只一味吟詠玩味賞心會意之古作，養得此心活潑潑地如水上葫蘆子相似，推著便動，捺著便轉，自然別有一番天地，不知玉言然我言否？」

知徒莫若師，顧隨知道，像葉嘉瑩、周汝昌這樣的大才，倘若固守師承，或許會浪費了他們的天賦。談及詩歌創作的「創新與冒險」時，顧隨說：「名父之子多不成，便因其腦中有其老子，而他老子腦中前無古人，故能不可一世。此豈非狂妄？然欲一藝成名必如此，否則承師法，只是屋下架屋。儒家講立志，不可不有『不可一世』、『前無古人』之志。」

顧隨不讓兩位得意門生成為「傳法弟子」，是希望他們能「見過於師」、「一藝成名」。這顯露了顧隨寬廣的胸懷，也表達了對兩位高足的殷切希望。

師者，傳道、授業、解惑也。顧隨希望弟子「見過於師」，考慮的是「道」而非老師的面子。如果學生能發揚光大老師所傳的「道」，那越過老師有何不可！

「丈夫自有沖天志，不向如來行處行」，顧隨喜歡這句詩，他認為，有出息的弟子就該有這樣的「沖天志」。

葉嘉瑩婚後隨夫君南下謀職，顧隨有詩相贈：

蓼辛荼苦覺芳甘，世味和禪比並參。十載觀生非夢幻，幾人傳法現優曇。分明已見鵬起北，衰朽敢言吾道南。此際泠然御風去，日明雲暗過江潭。

學者風範

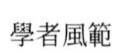

那時候葉嘉瑩新婚燕爾，尚未走上講壇，但身為老師的顧隨卻預言一隻鯤鵬即將展翅高飛了。葉嘉瑩沒有辜負老師的厚望，雖歷經坎坷，卻立足講壇，傳道授業，講詩賞詞，紅遍中華，驗證了恩師的預見。

葉嘉瑩赴臺後，顧隨擔心她客居異地，生計無著，就寫信給老友臺靜農，請他設法為弟子謀一份職業：「輔大校友葉嘉瑩女士係中文系畢業生，學識寫作在今日俱屬不可多得，刻避地赴臺，擬覓相當工作。吾兄久居該地，必能相機設法……」

學問上，傾其所有；生活上，傾囊相助。在他眼中，學生如同自己的孩子。早在山東教中學時，顧隨就曾資助過一位家境清寒的學生，在致友人信中，他說：「曹君依我，如嬌女依母。本來伊來海上，舉目無親，所恃者唯弟一人，自不能不更加眷顧。弟亦當洗心革命，去盡舊頹廢心情，視此子如吾親生。」

一位詞人的作品中有這樣的詞句，「文字因緣逾骨肉，匡扶志業託謳吟，只應不負歲寒心」。葉嘉瑩將之改為，「師弟恩情逾骨肉，匡扶志業託謳吟，只應不負歲寒心，」並用以形容顧隨和學生之間關係。

顧隨填過一闋〈卜運算元〉：

荒草漫荒原，從沒人經過。夜半誰將火種來，引起熊熊火。煙縱烈風吹，焰舐長天破。一個流星一點光，點點從空墜。

顧隨執教數十年，就是要把文明的「火種」播入學生的心田，就是要以理想之「光」，引導學生不斷前行。顧隨雖為一介書生，心裡有大愛，胸中有大志 —— 前者是他半生任教的動力，後者是他數年育人的目標。

顧隨教了半輩子書，對教書的甘苦深有體會，也累積了豐富的教學經驗，當弟子也開始走上講壇後，顧隨會毫無保留地把「獨得之祕」傳授

給弟子。在給弟子劉在昭的信中，顧隨說：

「教書實在不容易，俗語有云，教書的得要說書的嘴、巡警的腿，此語大有味。講書是得站著，而且最好不要動。走來走去，學生的眼睛也跟著晃來晃去，精神不易集中。師邇來衰老，往往偷懶，低著頭只顧講下去──這是錯的。做先生的總得眼光籠罩住學生，所以說要熟，不可句句看著講。書該拿在手裡，離得遠些，眼睛照顧著聽講的人。」

除了循循善誘的「技」的引導，也有語重心長的「道」的教誨：「不慚愧地說我們在這裡總有一些光，即令不是月亮，也總是一點螢火，如果連這一點光也沒有，豈不漆黑了？」

顧隨常年多病，但對教書一事從不懈怠，下面這首散曲道盡其為師之艱辛：

> 才挨完庭寒，又冒了朝寒。重傷風氣管更發炎。有些兒氣短。挾書包掮起了千斤擔，登講臺爬上了連雲棧，到歸家生入了玉門關，腿如同醋酸。

儘管體質弱，「身如黃葉不禁秋」，但一登上講臺，顧隨便精神煥發，彷彿換了一個人，正如周汝昌說的那樣「全副精神投入」：「顧先生一上臺，那是怎樣一番氣氛，怎樣一個境界？那真是一個大藝術家、大師，他一到講堂上，全副精神投入，就像一個好角兒登臺，就是一個大藝術家，具有那樣的魅力。」

古有譽兒者，吾今乃譽女

顧隨前妻留下兩個女兒，續絃蔭庭又生了四個女孩。顧隨常說：「男孩、女孩是一樣的」，「我的女兒絕不會比別人的兒子差」。

學者風範

　　三女之惠回憶說，小時候父親常和她說起當年祖父送他進京趕考的事。之惠明白，父親講這件事就是提醒她讀書的重要性。顧隨性格溫和，教育孩子從不板著面孔講大道理，而是透過娓娓講述一個個小故事，讓孩子們明白，上學、讀書，做一個有文化且對社會有貢獻的人，就是他對孩子最大的期望。

　　顧隨常年在外教書，家中許多瑣事無暇過問，但對家中孩子上學、讀書之事他看得很重，親自去管，就連別人家的孩子，只要與讀書有關的事他都關心。因為，「他深知一個國家若要獨立、富強，提升人民的教育程度是不可缺少的，愚昧落後的民族在世界上總要處於屈辱的地位」。

　　不過在幾個姊妹中間，顧之惠是最讓父親費心勞神的一位。七歲那年，當顧隨牽著之惠的手，把她送到小學門口時，之惠死活不肯進校園。顧隨沒有責怪孩子，而是領著孩子在郊外轉悠，還買了一缸小金魚給之惠。可是之惠把小金魚玩膩了還是不肯去上學。顧隨就請了一位家教在家裡教之惠讀書。後來，在顧隨夫婦及這位家教的耐心開導下，之惠十二歲那年終於願意上學讀書了，後來順利考入當時的北京名校師大女附中。

　　之惠九歲那年，四女之燕誕生了。時隔九年，家中又有了可愛的嬰兒，顧隨心情大好，特意填了一闋詞抒發內心的喜悅：

　　一片生機未可當。試看東海浴朝陽。清眸點水澄潭影，笑靨生花散乳香。塵滿面，鬢盈霜。生身誰不有爺娘。可憐往事思量遍，不記當初似汝長。

　　遺憾的是，顧隨填此詞六十五年後，之燕才首次讀到這闋詞，雖然她從詞中體會到父親的慈愛和期望，但父親早已去世，她已失去親口向

父親道謝的機會。

之燕回憶，父親常和年幼的女兒玩遊戲。一次，父親和女兒們玩字謎：一個字抽出中間的一豎，團一團，擱在原來的字上面，又成了另一個字。顧隨舉了例子，比如「軍」，抽出中間的一豎，團一團，放在上面就成了「宣」。之燕想了一會，想出一個「平」字，把中間一豎抽出來，團一團，放在上面就成了「立」。當時的之燕覺得這種猜字謎很好玩，後來才明白，父親是透過這種遊戲啟發她們的思維。

之燕十二歲那年，因病休學，顧隨忍不住在給弟子周汝昌信中吐露自己的擔憂：「膝下今有六女子子，第四女今年方十二歲，比以心臟與神經衰弱病，廢學三星期。其為人馴順而聰慧，大似駝庵童時。山妻性沉著，甚不以之為然，駝庵證之自身生活經驗，則甚以為悲也。」擔憂過度，係因愛女心切。

五女之平上學後成績一直很好，初中畢業前夕，父親在之平的一本紀念冊上寫了一行字：天行健，君子以自強不息。之平後來感慨，如果自己的人生取得那麼一點成就，應該歸功於父親這句題詞對她的激勵與鼓舞。

讀大學時，之平某門功課考試時只得了四分（當時滿分是五分），心裡懊喪，忍不住寫了封信給父親吐露鬱悶。父親在回信中安慰她：「幹麼非得五分不可呢？要知道在考試的時候，誰也有個『神兒在，神兒不在』呀，況且四分和五分只差一個等級，有了四分就不愁五分。」對「神兒在，神兒不在」，顧隨作了註釋：「這一句北京諺語的意思，用了辯證唯物論的邏輯來說，就是『偶然性』影響了『必然性』。」

父親一句話化解了之平的沮喪。

學者風範

　　大學畢業時，之平寫信給父親說：「有時覺得奇怪，也很高興，怎麼一下就都要大學畢業了，真的成了大人嗎？」之平問父親當年是不是也有這種感覺。顧隨在回信中說：「舊社會、舊家庭，做父母的願意他們的子女永遠在自己手底下，而且永遠是小孩子；這當然是一種錯誤的想頭……現在很願意妳們長大起來，為人民，為國家做出一番事業來。在人民的隊伍中，做一個『生力軍』是光榮的；那麼，這『生力軍』的父母自然也是光榮的了：因為他和她將自己的孩子貢獻給人民、給國家了。長大起來吧，成為大人吧，好孩子！（雖然『小』也是可愛的。）」

　　之平初中畢業時，父親給她的十字「題詞」讓她終身受益；大學畢業前，父親信中這段話則為她的人生指明了方向：為人民、為國家做出一番事業！

　　顧隨幼女顧之京說：「生活中的父親是一個最平凡的人，有平凡人的喜怒哀樂。在我的祖父祖母面前，是好兒子；妻子面前，是好丈夫；六個女兒面前，是好父親；在學生面前，是好老師。同時，他有很多要好的師友，如沈尹默、沈兼士、周作人、馮至、楊晦以及盧伯屏、盧季韶兄弟等。」

　　在顧隨，親情、愛情、友情乃至師生情，「一個都不能少」。

　　二十四歲那年，顧隨在一篇文章中寫道，倘若有一天，人類物質生活水準大幅提升，人人無需工作也不愁吃穿，那樣的生活是不是太無趣？那樣平板一致的生活是不是讓人不耐煩？顧隨的答案是否定的：

　　「然而此時愛的發展非常厲害。不但範圍擴大了；而且愈發的純白，永久。

　　「人到了此時，只用愛情維持生活；並且一直生活在愛情裡面，彷彿

魚兒生活在水裡一樣。

「兩性的愛，和親子的愛，便是愛的根基和愛的結晶體。

「人是有終的；愛是無窮的。人是有死的；愛是永生的。」

後來在課堂上，顧隨把這種觀點闡發得更為透澈、細緻。一次，帶領學生們欣賞了〈關雎〉、〈桃夭〉之後，顧隨「曲終奏雅」，畫龍點睛：

「近人常說結婚是愛的墳墓。此話不然，真是一言誤盡蒼生。彼等以為結婚是愛的最高潮，也不然……結婚的愛是新的萌芽，也許不再繼長增高，也許不再生枝幹，但只一日不死，便會結出好的果實來。故〈桃夭〉之『其葉蓁蓁』是真好。」顧隨進一步解釋說，愛有多種，「愛，不只男女之愛……天地若沒有愛，便沒有天地；人類若沒有愛，便沒有人類。天沒有愛，不能有日月；地沒有愛，不能有水土。最高的愛便是良心的愛與親子的愛。」

身為一個人，顧隨是愛的實踐者；身為一個老師，顧隨是愛的傳播者。

學者風範

季羨林：最愛黎明前的北京

季羨林先生是國學大師，精通數門外語，堪稱語言天才，然而這樣一個蜚聲海內外的學者，卻十分謙虛、樸實，一再聲稱自己「魯鈍」、「平凡」，但其讀書之刻苦，治學之嚴謹，均罕有其匹。季先生的言行使我想起胡適的一句話：「凡是有大成功的人，都是有絕頂聰明而肯作笨功夫的人。」季羨林可謂「絕頂聰明」，又「肯作笨功夫」，終於修成正果，取得大成功。

最愛黎明前的北京

1949年後，季羨林長期在北大任教，且承擔繁重的行政工作，每天上八小時班，有時還要加班。可他卻寫出了上千萬字的著作。他寫作的時間從何而來？原來，季羨林每天早上四點準時起床，一鼓作氣寫上三個鐘頭再去上班。可以說，季羨林對黎明前的北京非常熟悉。他曾寫過一篇文章，標題就是：〈黎明前的北京〉。

在文章裡，季羨林說：「多少年來，我養成了一個習慣：每天早晨四點在黎明以前起床工作。我不出去跑步或散步，而是一下床就工作。」由於白天會多，只有黎明前，季羨林才能安安靜靜寫作：「我起床往桌子旁邊一坐，彷彿有什麼近似條件反射的東西立刻就發揮作用，我心裡安安靜靜，一下子進入角色，拿起筆來，『文思』如泉水噴湧，記憶力也像剛磨過的刀子，銳不可當。此時，我真是樂不可支，如果給我機會的話，我簡直想手舞足蹈了。因此，我愛北京，特別愛黎明前的北京。」

季羨林怕開會，在他看來，很多會，談的並非正事，卻浪費了很多

時間。開會,使得季羨林幾乎沒有完整的時間,無奈之下,他就挖空心思利用時間的「邊角廢料」。請看他的夫子自道:「在這時候,我往往只用一個耳朵或半個耳朵去聽,就能兜住發言的全部資訊量,而把剩下的一個耳朵或一個半耳朵全部關閉,把精力集中到腦海裡,構思,寫文章。當然,在飛機上、火車上、汽車上,甚至腳踏車上,特別是在步行的時候,我腦海裡更是思考不停。這就是我所說的利用時間的『邊角廢料』。」

時間對每個人都是公平的,成為時間的「富翁」抑或時間的「窮人」,完全取決於你會不會擠。

學外語的訣竅

季羨林精通多種外語,談及如何學外語,他自然有發言權。關於如何學外語,季羨林的看法主要有三點:

首先,學外語無捷徑可走。「俗話說:『天下無難事,只怕有心人。』所謂『有心人』,我理解,就是有志向去學習又肯動腦筋的人。高臥不起,等天上落下餡餅來的人是絕對學不好外語的,別的東西也不會學好的。至於『捷徑』問題,我想先引歐洲古代大幾何學家歐幾里德對國王說:『幾何學裡面沒有御道!』『御道』,就是皇帝走的道路。學習外語也沒有捷徑,人人平等,都要付出勞動。市場賣的這種學習方法、那種學習方法,多不可信,什麼方法也離不開個人的努力和勤奮。」

其次,學外語一定要「跳過這龍門」。「學習外語,在漫長的學習過程中,到了一定的時期,一定的程度,眼前就有一條界線,一個關口,一條鴻溝,一個龍門。至於是哪一個時期,這就因語言而異,因人而

學者風範

異。語言的難易不同，而且差別很大；個人的勤惰不同，差別也很大。這兩個條件決定了這一個龍門的遠近，有的三四年，有的五六年，一般人學習外語，走到這個龍門前面，並不難，只要泡上幾年，總能走到。可是要跳過這龍門，就絕非易事。跳不跳過有什麼差別呢？差別有如天淵。跳不過，你對這種語言就算是沒有登堂入室。只要你稍一放鬆，就會前功盡棄，把以前學的全忘掉。你勉強使用這種語言，這個工具你也掌握不了，必然會出許多笑話，貽笑大方。總之你這一條鯉魚終歸還是一條鯉魚，說不定還會退化，你絕變不成龍。跳過了龍門呢？則你已經不再是一條鯉魚，而是一條龍。可是要跳過這龍門又非常難，並不比鯉魚跳龍門容易，必須付出極大的勞動，表現出極大的毅力，堅忍不拔，鍥而不捨，才有跳過的希望。這一點必須認清。跳過了龍門，你對你的這一行就有了把握，有了根底。專就外語來說，到了此時，就不大容易忘記，這一門外語會成為你得心應手的工具。」

這裡，季羨林告訴了我們一個重要現象，學外語，到了一定的階段，就好像走入死胡同，感覺學不下去了，而越是在這個時候，越要堅持，這就如同黎明前的黑暗，挺過去就是光明，倒下來就前功盡棄。

最後，學外語要像學游泳那樣學。對於學外語的具體方法，季羨林提倡德國式的教學方法：學外語如同學游泳。德國的一位語言學家說過，教語言比如教游泳，把學生帶到游泳池旁，把他往水裡一推，不是學會游泳，就是淹死，後者的可能是微乎其微的。具體的辦法是：盡快讓學生自己閱讀原文，語法由學生自己去鑽，不在課堂上講解。這種辦法對學生要求很高。短短的兩節課往往要準備上一天，其效果我認為是好的：學生的積極性完全引發起來了。他要與原文硬碰硬，不能依賴老師，他要自己解決語法問題。只有實在解不通時，教授才加以輔導。季羨林學

俄語時，老師只教他念了字母，教了點名詞變化和動詞變化，然後就讓他讀果戈里（Nikolai Gogol）的〈鼻子〉。結果，季羨林為此天天查字典，苦不堪言。但是他學習的主動性也因此完全引發起來。一個學期，不僅唸了教科書，也把這部〈鼻子〉啃了下來，俄語也就基本掌握了。實踐證明，用學游泳的辦法學外語，是一條正道。

為了便於我們理解，季羨林把學外語的「訣竅」歸納為三句話：第一，盡快接觸原文，不要讓語法纏住手腳，語法在接觸原文過程中逐步深化；第二，天資與勤奮都需要，而後者占絕大的比重；第三，不要妄想捷徑，外語中沒有「御道」。季羨林曾說過這樣一句話：「做人要老實，學外語也要老實。」這句話雖樸素，卻意味深長，耐人咀嚼。

異域的引路人

1935年，清華大學與德國學術交換處簽訂合約，雙方可互派研究生。當時任中學老師的季羨林經過選拔考試，獲得赴德留學的機會。本來，學習期限為兩年，後因二次大戰爆發，季羨林不得不在德國滯留十年。他苦讀六年，獲得了博士學位，找到了終生跋涉的學問之路。

自由的學風使他能從容地選擇攻讀的方向。初入德國，季羨林發現，德國大學的學風非常自由，只要中學畢業，就可以隨意進入某個大學某個系學習，沒有入學考試。學生還可以不斷轉學，經過幾年的轉學，選中了滿意的大學滿意的系，這才安定住下，與教授接觸，請求參加教授的研究班，經過一兩個研究班的學習，師生互相了解，學生選中了教授，教授也滿意學生，這時，教授同意給學生一個博士論文的題目。再經過幾年的努力寫作，教授同意了，就可以進行論文口試答辯。

學者風範

及格後可拿到博士學位。

在這樣的自由的氛圍中,季羨林憑興趣選了一些課。經過一學期的比較、思考,他終於明確了攻讀的方向——梵文。季羨林找到了自己畢生要走的道路,一直走了半個多世紀。

德國醫學泰斗微耳和,曾給季羨林很深刻的啟示。一次,微耳和口試一位學生,他把一盤豬肝放在桌上,問學生道:「這是什麼?」學生瞠目結舌,半天說不出話來。他哪裡敢想教授會在此場合放一盤豬肝呢?結果,此學生口試未過關。後來,微耳和對這位學生說:「一個醫學工作者一定要實事求是,眼前看到什麼,就說是什麼。連這點本領和勇氣都沒有,怎能當醫生呢?」另一次,微耳和在口試中,指指身上的衣服問考生:「這是什麼顏色?」學生端詳了一會,鄭重地說:「教授,您的衣服曾經是褐色的。」微耳和大笑,說:「你及格了。」因為他不修邊幅,一身衣服穿了十幾年,原來的褐色變成了黑色。

季羨林說:「這兩個例子雖小,但是意義卻極大。它告訴我們,德國教授是怎樣處心積慮地培養學生實事求是不受任何外來影響干擾的觀察問題的能力。」

語言大師西克(Emil Sieg)是季羨林的引路人。季羨林的博士論文指導老師是年輕的瓦爾德施米特教授(Ernst Waldschmidt),二戰爆發後,瓦爾德施米特應徵入伍。年過七旬的西克教授,主動請纓替代瓦爾德施米特指導季羨林。一位老人,不願待在家中頤養天年,寧可承擔辛苦的教職,其良苦用心,季羨林自然心知肚明:「老人家一定要把自己的拿手好戲通通傳給我。他早已越過古稀之年。難道他不知道教書的辛苦嗎?難道他不知道在家裡頤養天年會更舒服嗎?但又為什麼這樣自找苦吃

呢?我猜想,除了個人感情因素之外,他是以學術為天下之公器,想把自己的絕學傳授給我這個異域的青年,讓印度學和吐火羅學在中國生根開花。」

西克教授主動要教季羨林吐火羅文,且不由分說,立即開班。季羨林除了感激外,只能以加倍的努力和熱情來學好這門語言。當時,連季羨林在內,學生只有兩名,真是一個特殊的班。不過,老師教得認真,學生學得投入。另外,西克教授的教學方法也成功地點燃了季羨林對吐火羅文的興趣。「西克教吐火羅文,用的也是德國的傳統方法……他根本不講解語法,而是從直接讀原文開始。我們一起頭就讀他與他的夥伴西克林(Siegling)共同轉寫成拉丁字母、連同原卷影印本一起出版的吐火羅文殘卷——西克經常稱之為『精製品』的《福力太子因緣經》。我們自己在下面翻譯文法,查索引,譯生詞;到了課堂上,我與古勿勒輪流譯成德文,西克加以糾正。這工作是異常艱苦的。原文殘卷殘缺不全,沒有一頁是完整的,連一行完整的都沒有,雖然是『精製品』,也只是相對而言,這裡缺幾個字,那裡缺幾個音節。不補足就摳不出意思,而補足也只能是以意為之,不一定有很大的把握。結果是西克先生講的多,我們講的少。讀貝葉殘卷,補足所缺的單字或者音節,一整套作法,我就是在吐火羅文課堂上學到的。我學習的興趣日益濃烈,每週兩次上課,我不但不以為苦,有時候甚至有望穿秋水之感了。」

瓦爾德施米特教授的治學嚴謹為季羨林留下終生難忘的印象。在晚年的回憶錄中,季羨林披露了這一點。「瓦爾德施密特教授的博士論文以及取得在大學授課資格的論文,都是關於新疆貝葉經的……這兩本厚厚的大書,裡面的資料異常豐富,處理資料的方式極端細緻謹嚴。一張張的圖表,一行行的統計數字,看上去令人眼花撩亂,令人頭腦昏眩。

學者風範

我一向雖然不能算是一個粗心大意,但是也從沒有想到寫科學研究論文竟然必須這樣瑣細。兩部大書好幾百頁,竟然沒有一個錯字,連標點符號,還有那些稀奇古怪的特寫字母或符號,也都是個個確實無誤,這實在不能不令人感到吃驚。德國人一向以徹底性自詡。我的教授忠誠地保留了德國的優良傳統。留給我的印象讓我終生難忘,終生受用不盡。」

第四學期讀完,教授就把博士論文的題目給了季羨林:《大事》伽陀中限定動詞的變化,這裡的《大事》就是佛典,是用「混合梵文」寫成的,既非梵文,也非巴利文,更非一般的俗語,是一種亂七八糟雜湊起來的語言。研究《大事》裡的這種特殊語言現象對研究印度佛教史和印度語言發展史都很重要。在撰寫論文的過程中,季羨林偶然想到,應當在分析限定動詞變化前寫一篇有分量的長篇緒論,說明一下「混合梵語」的來龍去脈,並對《大事》作一點交代。他認為只有這樣,論文才會洋洋灑灑看上去引人注目。於是,他開始做卡片,抄筆記,寫提綱,花了將近一年時間,終於寫出一篇長篇緒論。季羨林是懷著頗為自得的心情把緒論交給老師的。隔了大約一個星期,老師把緒論發還給季羨林,結果令季羨林大吃一驚:

「我開啟稿子一看,沒有任何改動。只是在第一行第一個字前面畫上了一個前括號,在最後一行最後一個字後面畫上了一個後括號。整篇文章就讓一個括號括了起來,意思就是說,全不存在了。這真是『堅決、徹底、乾淨、全部』消滅掉了。我彷彿當頭捱了一棒,茫然、懵然,不知所措。這時候教授才慢慢地開了口:『你的文章費力很大,引書不少。但是都是別人的意見,根本沒有你自己的創見。看上去面面俱到,實際上毫無價值。你重複別人的話,又不完整準確。如果有人對你的文章進行挑剔,從任何地方都能對你加以抨擊,而且我相信你根本無力還手。

因此,我建議,把緒論通通刪掉。在對限定動詞進行分析之前,只寫上幾句說明就行了。』」

教授這番話雖出乎季羨林的意料,但卻讓他心悅誠服。老師徹底否定了他費心費力所寫的緒論,但他卻不能不由衷地承認,老師的做法完全正確。由此,季羨林終於懂得:寫論文就應該是這個樣子!

無疑,瓦爾德施米特教授這次的言行對季羨林是一次打擊,但後者卻從這次打擊中終生獲益,他說:「沒有創見,不要寫文章,否則就是浪費紙張。有了創見寫論文,也不要下筆千言,離題萬里。空洞的廢話少說、不說為宜。」

後來,季羨林也成了教授,他無私地把從瓦爾德施米特教授那裡得到的「金針」傳給了自己的弟子。可謂「鴛鴦繡取憑君看,要把金針度與人」。

學者風範

書生意氣

李叔同：先器識後文藝

李叔同一生，經歷豐富，身分多變。令人稱道的是，無論做什麼，他都那麼認真與徹底，一絲不苟，一以貫之。做公子，風流倜儻；寫文章，嘔心瀝血；傳道授業，鞠躬盡瘁；弘揚佛法，死而後已。

無論在人生的哪個階段，無論從事的是何種職業，他都全力以赴，力臻完美。終其一生，他以常人難以企及的赤誠與熱情對待手頭的每件事和身邊的每個人。

正如其弟子豐子愷說的那樣：「弘一法師由翩翩公子一變而為留學生，又變而為教師，三變而為道人，四變而為和尚。每做一種人，都做得十分像樣。好比全能的優伶：起老生像個老生，起小生像個小生，起大面又像個大面……都是『認真』的原故。」

津門少年

當 1880 年 10 月 23 日，李叔同出生於天津三岔河口附近的一座三合院中時，他的幸運令人豔羨。追根溯源，這一切要歸功於他的祖父李銳的長袖善舞、精明能幹。清嘉慶年間，正是憑著過人的膽識和獨到的眼光，李銳在天津的長蘆鹽場廣置鹽田，涉足鹽業生意，並舉家遷往津門，李家的生意才興盛起來。

李叔同的父親李筱樓讀書成功，中了進士，後來辭官經商，也是左右逢源，風生水起。但李筱樓的三房太太似乎都未給他帶來快樂，更不要說幸福了。

大太太姜氏，育有一子文錦，可惜文錦婚後不久就病亡了，留下的幼子也早逝了。二太太張氏育有一子文熙，但這孩子，身體孱弱，讓人擔心。三太太郭氏沒有生養，乾脆搬到後廂房獨居，吃齋念佛，不問世事。

為了讓偌大的家業有個可靠的繼承人，李筱樓在六十七歲那年，迎娶了十九歲的王鳳玲。一年後，未來的才子與大師李叔同誕生了。

老父給他取名為文濤，字叔同，乳名成蹊：「桃李不言，下自成蹊」。七十二歲那年，李筱樓油枯燈滅，撒手歸西，那時候李叔同剛滿五歲。

父親去世後，二哥李文熙成了「桐達李家」的當家人，也做了李叔同的啟蒙老師。許是家風薰染的緣故，二哥李文熙也頗得其父風範，為人正派，樂善好施。他啟蒙弟弟李叔同時，既注重知識的灌輸，也不乏做人方面的開導。他曾把家中客廳的一副柱聯指給李叔同看，讓他記住其中的上聯：「惜食惜衣，非為惜財緣惜福」，並對他解釋說：「一衣一食當思來之不易，不能任意拋擲糟蹋了，要養成節儉惜物的好習慣。」這句上聯，李叔同記了一輩子，並一直將其視為做人準則，嚴格遵守。

在二哥的指點下，他熟讀《玉曆鈔傳》、《百孝圖》、《返性圖》、《格言聯璧》、《文選》。

哥哥對李叔同要求非常嚴格，稍有錯誤便加懲罰。這種嚴厲對李叔同來說可謂是雙刃劍，一方面讓他過早地失去了孩子的活潑，天性因壓抑而變得有些扭曲；另一方面也讓他養成嚴於律己的習慣。李叔同承認，哥哥的嚴格要求，對他後來養成嚴謹認真的學習習慣和生活作風發揮了決定性作用。為此，終其一生，他對嚴厲的哥哥都懷有一顆感激的心。

十六歲那年，李叔同考入天津的輔仁書院，接受更為系統的國學教

育。少年李叔同如同海綿吸水那樣貪婪地吮吸知識。古代經典不用說了，就連偶然看到的一些課外讀物，李叔同也會用心細讀。山西恆麓書院某教師對學生的〈臨別贈言〉給李叔同留下深刻的印象。後來，李叔同一直以〈贈言〉中「讀書之士，立品為先」為圭臬。這句話像一束光照亮了他的人生之路。

李叔同的科考之路並不順利。他寫於考場中的這些充滿獨立思考的文章，顯露出他的憂國情懷和對時事的關注，然而卻不合考官的意。中舉的願望自然是落空了。當時正值康梁變法，熱愛中國的李叔同贊同康有為「變法圖強」的主張，曾刻了一方閒章「南海康君是吾師」。在和別人聊天時，也多次慷慨陳詞，強調：「老大中華，非變法無以圖存。」他的一些言論使人懷疑他是康梁同黨，甚至遭到有關人士的警告。生母王氏為此擔驚受怕，戊戌變法失敗後，更是惶恐不安，再加上在大家庭中齟齬不斷，便帶著李叔同離津赴滬。

文采風流

1898年10月，李叔同在上海法租界卜鄰里租房居住。當時華亭詩人許幻園在自家成立「城南文社」，每月雅集一次，賦詩做文，詩酒唱和。「文社」還常常懸賞徵文，以吸引更多的詩壇高手入會。李叔同投了三次稿，每次都獲得第一名。他因此結識了許幻園，後者在城南草堂打掃了房屋，邀請李叔同全家移居過去。

因為志趣相投、性情相似，李叔同和「文社」中的許幻園、蔡小香、袁希濂和張小樓結為「天涯五友」。

李叔同曾填詞一闋贈許幻園：

城南小住，

情適閒居賦。

文采風流合傾慕，

閉戶著書自足。

陽春常駐山家，

金樽酒進胡麻。

籬畔菊花未老，

嶺頭又放梅花。

詞中流露出對許幻園「文采風流」、「閉戶著書」的羨慕。

1901，李叔同已經二十二歲了，卻未能取得任何功名。恰逢南洋公學招特班生，李叔同隨即報考，幸被錄取。

特班先後招收了四十二名學生，主要學習外國語和經世各科，成績優異者將保送經濟特科。然而好景不長，由於當時南洋公學教育觀念落後，不少教師不能平等地對待學生，對學生處罰過嚴，學生不服，引發學潮。校方不讓步，學生不妥協，最終特班學生集體退學以示抗議，特班總教習蔡元培堅定地站在學生這一邊，與學生共進退，也離開了南洋公學。南洋公學特班的四十二位學生，後來不少都成了名聞遐邇的大家，如黃炎培、謝無量、李叔同等。經謝無量的介紹，李叔同結識了馬一浮，後者對李叔同的人生選擇產生過重要影響。當然，那是後話了。

毋庸諱言，李叔同那段時間也曾寄情聲色，廝磨金粉。他曾慨然為滬上名妓李蘋香的傳記《李蘋香》作序。兩人互贈詩詞，交往甚密。早在天津時，李叔同與藝妓楊翠喜曾有過一段「說不清，道不明」、「剪不斷，理還亂」的關係。南下上海，李叔同舊情難忘，曾借詩詞傳情。這段戀

情未修成正果，卻純真而熱烈。因為這段廝磨金粉的經歷，李叔同曾被譏為「花叢中的白蝴蝶」，也有人理解李叔同此舉顯露他對歌妓的同情與悲憫，「正是李叔同身上發出的人性光輝」。然而李叔同之所以光明正大地流連風月場所，堂而皇之地詩酒酬唱，其實是因了他特立獨行的新觀念，那就是風月場所（所謂的樂籍）是滋生文明與思想的溫床。在當時的李叔同看來，「樂籍（妓院）之進步與文明之發達」關係密切，故「考其文明之程度，觀於樂籍可知也」。李叔同認為，身處樂籍，會「精神豁爽，體力活潑，開思想之靈竅，闢腦絲之智府」。他還以法國巴黎為例，說巴黎「樂籍之盛為全球冠」，莫非其民族沉溺於此，「無復高曠思想矣」？然而歐洲為何有「欲鑄活腦力，當作巴黎遊」的諺語？

後來，當李叔同意識到這一觀念大謬不然，便迷途知返，毅然決然斬斷了和風月場所的所有連繫。

李叔同曾說，他在上海的這幾年是最幸福的時候。然而，1905年3月10日，李叔同的幸福時光戛然而止。這一天，他深愛的慈母因病去世。母親纏綿病榻，他去街上購置棺木，等他辦妥此事匆忙趕回家，母親已撒手人寰。母親病故，未能親侍在側，這是李叔同難以忘卻的終生憾事。後來每每談起母親，他總是滿臉悲戚，喃喃道：「我的母親，她的一生是很苦的，很苦的。」母親去世後，李叔同為自己取了一個新名字：李哀。

事實上，李叔同終生都未能化解因慈母去世而淤積在心中的哀傷。

李叔同五歲失怙，一直和寡母相依為命。母親去世了，他對上海這個地方似乎再無依戀。那時候的李叔同雖然頗有文名，所謂「二十文章驚海內」，但這些文章卻不能帶來實際效用。內，不能興家；外，不能強國。李叔同已經二十五歲了，既沒有正規的文憑，也沒有正經的職業，

成了家卻未能立業。虛度年華與時不我待的感覺湧動在李叔同的內心，他意識到，是時候改變自己了。正如當下一句俗語說的那樣，生活不只是眼前的苟且，還有詩和遠方。遠方的地平線總會引起年輕人的遐想與憧憬，李叔同也不例外。懷揣發憤圖強的熱望，李叔同決定出國深造。

藝海暢遊

　　二十六歲那年，李叔同開始了他日本留學的生活。他暫住東京神田區某處，自修日語，溫習美術與音樂，準備報考東京上野美術學校。李叔同剛到日本就雄心勃勃，想編印一本「美術雜誌」，由於缺少幫手，「美術雜誌」胎死腹中。李叔同不甘心，於1906年2月8日，獨立創辦了《音樂小雜誌》。這本袖珍雜誌在東京印刷，五天後寄往上海，由李叔同上海友人代為發行。《音樂小雜誌》是中國最早的音樂雜誌，它的裝幀、印刷均由李叔同一人包辦，第一期的大部分文章也出自李叔同之手。李叔同為雜誌撰寫的〈序〉，以如詩如畫、情理俱勝的五百字，生動形象地摹繪了音樂的美妙動人，要言不煩地闡述了他的音樂理論，且飽含深情地回顧了《音樂小雜誌》的創辦過程，還細緻入微地刻劃了他「獨在異鄉為異客」的孤寂淒涼。或許，他不辭辛苦，勞勞碌碌創辦這份小雜誌，既是為了推廣他的音樂理念，也是為了慰藉他那顆孤寂的心吧。

　　李叔同的《音樂小雜誌》創下了多項「第一」。這是中國音樂史上的第一份雜誌。在這期雜誌中，李叔同撰文第一次介紹了「比獨芬」（貝多芬），並為貝多芬畫了幅小像——這是中國雜誌首次刊登西洋音樂家小像，這幅畫像也是李叔同首次完成的西畫作品。

　　李叔同赴日主要是學習音樂與繪畫。1906年9月下旬，李叔同考入東京上野美術學校學習。

書生意氣

到日本後不久，李叔同就加入了日本詩歌社團「隨鷗吟社」。1906年7月1日，詩社舉行「副島蒼海以下十名士追薦會」，李叔同即席賦詩兩首：

其一

蒼茫獨立欲無言，落日昏昏虎豹蹲。

剩卻窮途兩行淚，且來瀛海吊詩魂。

其二

故國荒涼劇可哀，千年舊學半塵埃。

沉沉風雨雞鳴夜，可有男兒奮袂來。

一方面表明了對中國前途的隱隱擔憂，一方面也流露出對拯救中國之男兒的殷殷期待。

之後不久，李叔同又創作了一首〈朝遊不忍池〉：

鳳泊鸞飄有所思，出門悵惘欲何之。

曉星三五明到眼，殘月一痕纖似眉。

秋草黃枯菡萏國，紫薇紅湮水仙祠。

小橋獨立了無語，瞥見林梢升曙曦。

如此感慨源自對中國深沉的愛。日本詩人大九保湘南評價此詩「如怨如慕，如泣如訴，真是血性所發，故沉痛若此」。

李叔同在日本因觀看日本的浪人戲而激發了對話劇的熱情。好友曾延年對話劇有著和李叔同相同的愛好和熱情。兩人在日本發起成立了「春柳社」。

1907年，中國江蘇發生水災，災情嚴重，很多貧民因衣食無著而面

臨絕境。春柳社聞訊後立即召開會議，商量對策，最後決定演出《茶花女》，為災區難民募集資金。二十天後，話劇《茶花女》如期上演。李叔同男扮女裝在劇中扮演女主角瑪格麗特。為了演出，他剃去了鬍子，頭戴假髮，身穿銀白色上衣，腰束裙帶，一襲百褶裙長可曳地。舞臺上的李叔同，眉頭緊鎖，眼波流動，充分表現出瑪格麗特的嫵媚和哀傷。

日本戲劇家松居松翁對李叔同的這次演出給予了很高的評價，他在一篇文章中寫道：「中國的俳優，使我佩服的便是李叔同君。當他在日本時曾僅僅是一個留學生，但他所組織的『春柳社』劇團，在東京上演《椿姬》一劇，實在非常好。不，與其說這個劇團好，寧可說這位飾椿姬的李君演得非常好。……尤其是李君的優美婉麗，絕非日本的俳優所能比擬。我當時看過以後，頓時又想到孟瑪德小劇場所見裘菲列表演的椿姬，不覺感到十分興奮，竟跑到後臺和李君握手為禮了。」（松居先生這裡說的《椿姬》，就是指《茶花女》）李叔同君確是在中國放了新劇的烽火。

《茶花女》連演數場，收入悉數寄回中國資助災民。

不久，清廷駐日本的大使館，害怕春柳社以話劇形式宣傳革命，嚴令留學生不允許參加任何演出活動：誰參加就取消誰的留學費用。在這種情況下，春柳社漸漸停止了活動。然而，受春柳社的影響，中國國內的話劇運動開始蓬勃發展，日益壯大，各種話劇團體如雨後春筍般誕生。迄今，回顧中國的話劇運動，我們不能不承認，李叔同和他的春柳社有首創之功。

後來，談到日本留學生活，李叔同還是忍不住感慨：回憶起那段藝海生涯，總是有說不盡的樂趣！

春風桃李

1911年3月，李叔同自日本上野美術學校畢業，當即回國。不久，為養家餬口，李叔同前往杭州浙江兩級師範學校（後改名浙江第一師範學校）教授音樂與圖畫。在浙江第一師範，李叔同度過了七年豐富而充實的生活。無論從教書育人還是文學創作方面來看，這七年在李叔同一生中都占據重要位置。

為學生上第一堂課，李叔同能準確叫出每個學生的姓名，因為此前他已熟讀學生的名冊。透過這件小事，學生們感受到老師的細緻與熱忱，並為此而折服。

在浙江第一師範，圖畫與音樂兩門課學生原本興趣不大，但李叔同任教後，這兩門課卻受到學生的熱捧。夏丏尊分析，原因一半是李叔同「對這兩科實力充足」，一半是他的感化力大。學生們是因為崇敬他佩服他才爭先恐後去聽他的課。

當時的學生豐子愷證實了夏丏尊的推測。

豐子愷說，那時他們每天要花一小時練習繪畫，花一小時去練習彈琴，不以為苦，樂在其中，是因為「李先生的人格和學問」統制了學生們的感情，折服了學生們的心。弟子們真心崇拜李叔同，所以會自覺自願聽他的話，按他的教導去做。

如果說，李叔同在學生心目中的形象高大而完美，那是因為他的人格與學問讓他們深深嘆服。

從人格來看，李叔同當教師不為名利，全力以赴；從學問上看，他國文水準比國文先生更高，英文功底比英文先生更厚，歷史知識比歷史先生更多；書法金石，他是專家；中國話劇，他是鼻祖。豐子愷說，

「他不是只能教圖畫音樂，他是拿許多別的學問為背景而教他的圖畫音樂。」

夏丏尊認為，李叔同好比一尊佛像，有後光，故能令人敬仰。

課堂上，李叔同多次向學生灌輸「先器識後文藝」的思想，要求學生首重人格修養，再談文藝學習。而他本人正是這樣做的。

廣博學識與高潔人品構成李叔同的「後光」。

豐子愷與劉質平是李叔同在浙江一師任教的門生。李叔同對這兩位弟子的悉心指教與熱誠相助，譜寫了教育史上一段堪稱絕響的佳話。

劉質平家境貧寒，學習刻苦，一次，他拿著習作去請教老師。李叔同對他說，晚上八點在音樂教室見。當晚突降大雪，劉質平頂著寒風準時赴約，卻見教室門關著，裡面黑漆漆的。他站在走廊裡等。十分鐘後，教室裡的燈突然亮了，李叔同從裡面走了出來。原來他在考驗劉質平。

劉質平「考試」過關，李叔同決定每週額外指導他兩次。

1915 年，劉質平因病休學。李叔同去信寬慰弟子，說：「人生多艱，不如意事常八九。」鼓勵弟子要「鎮定精神，勉於苦中尋樂」。在信末，李叔同勸弟子多讀古人修養格言，因為「讀之，胸中必另有一番境界」。

在老師的寬慰鼓勵下，劉質平邊養病邊讀書，學業大有長進，病癒後聽從老師的建議赴日本留學。

在李叔同眼中，劉質平「志氣甚佳，將來必可為吾國人吐一口氣」，對他寄予厚望。儘管弟子不在身邊，李叔同仍透過書信細心指點。在一封信中，他叮囑弟子要特別注重以下六點：

一、注重衛生，保持健康，避免中途輟學。適度運動，早睡早起。

二、登臺演奏要慎重，避免遭人嫉妒。盡量做到抱璞而藏。

三、慎重交遊，避免是非。

四、要循序漸進，勿操之過急。

五、不浮躁不矜誇不悲觀不急近不間斷，日久自有適當之成績。

六、要有信仰，以求心靈平靜精神安樂。

信中，李叔同還抄錄數則格言供劉質平吟詠學習。

因經濟困頓，健康欠佳，劉質平留學期間，常感「愈學愈難」，甚至心灰意冷學不下去。這時候，李叔同的書信便如一縷春風吹散他心頭悲觀的霧霾。

在一封信中，李叔同開導弟子說：「愈學愈難，是君之進步，何反以是為憂？」李叔同勸弟子切勿「憂慮過度，自尋苦惱」。李叔同指出，劉質平消沉灰心的根本原因是「志氣太高，好名太甚」，所以他給弟子開出的藥方是「務實循序」。

在另一封信中，李叔同叮囑弟子要「按部就班用功，不求近效」，因為「進太銳者恐難持久」；另外，他告誡弟子「不可心太高」，因為「心高是灰心之根源也」！

家境愈來愈糟，劉質平終失去了家庭資助，眼看學業要中斷。此時的李叔同儘管薪水不高、家累又重，仍慷慨解囊，決意資助弟子完成學業。在給弟子的信中，李叔同詳細列出自己收入支出：

每月薪水 105 元；上海家用 40 元；天津家用 25 元；自己食物 10 元；自己零用 5 元；自己應酬費、添衣物費 5 元。如此，每月可餘 20 元。

他表示，這每月 20 元可供劉質平求學所需。他在信中叮囑弟子記住幾點：一、這筆錢是餽贈不是借貸，不必償還；二、不要對外人說起此事；三、安心讀書。

可見，李叔同資助弟子，完全出於愛才，出於內心的善良，絕非沽名釣譽。

老師節衣縮食資助自己讀書，劉質平雖萬分感謝，卻於心不忍，所以他請老師設法為自己爭取官費。李叔同找到主管問詢，遭對方婉言拒絕。於是李叔同寫信勸弟子，不必費神謀求官費了，自己不會辭職，一定會如約資助他完成學業。由於在信中涉及對他人的評價，李叔同要求弟子「此函閱後焚去」，因為「言人是非，君子不為」。

李叔同喜歡抄錄格言供弟子學習，而劉質平則以大旱望雲霓的心情渴盼老師寄來的這些精神食糧文化補品。一次他寫信請老師再寄來格言「佳餚」，李叔同便將「近日所最愛誦者數則」抄錄給弟子，這數則格言有一個共同的涵義──躬自厚薄責於人：

日夜痛自點檢且不暇，豈有工夫點檢他人。責人密，自治疏矣。

不虛心便如以水沃石，一毫進入不得。

自己有好處要掩藏幾分，這是涵育以養深。別人不好處要掩藏幾分，這是渾厚以養大。

涵養全得一緩字，凡語言動作皆是。

宜靜默，宜從容，宜謹嚴，宜儉約，四者切己良箴。

謙退第一保身法，安詳第一處世法，涵容第一待人法，灑脫第一養生法。

物忌全勝，事忌全美，人忌全盛。

書生意氣

世人喜言無好人，此孟浪語也。推原其病，皆從不忠不恕所致。自家便是個不好人，更何暇責備他人乎？

面諫之詞，有識者未必悅心；背後之議，受憾者常至刻骨。

李叔同因嘗試「斷食」而迷上佛學，終決意斷髮出家。入山剃度前夕，李叔同什麼都放下了，親情、友情、愛情，都已放下；唯獨放不下的是遠在日本的弟子的學費。他寫信告訴劉質平，自己出家之前會借一筆錢做他的學費：「余雖修道念切，然絕不忍置君事於度外。此款倘可借到，余再入山。如不能借到，余仍就職至君畢業時止。君以後可以安心求學，勿再過慮，至要至要！」

這番話，展現出一諾千金的美德，更蘊含李叔同對弟子非同一般的深沉之愛。

身為老師，李叔同對劉質平的物質資助，肉眼看得見分得清；而在劉質平的精神成長自我形成方面，李叔同所傾注的心血，雖肉眼難以覺察卻彌足珍貴。正是從這個意義上，我們才會感慨：一日為師，終身為父。提起老師李叔同，劉質平會忍不住流淚：「老師和我，名為師生，情深父子。」

如果不是李叔同的慷慨解囊，劉質平的學業會過早中斷；而如果沒有李叔同關鍵時刻的出手相助，豐子愷恐怕早被學校除名了。事實上，如果不是在人生的關鍵時刻遇見恩師李叔同，劉質平和豐子愷的人生將完全不同。

豐子愷原本喜歡數理化，從未想過專攻繪畫與音樂。因為聽了李叔同的課，才漸漸喜歡上繪畫和音樂。在豐子愷眼中，李叔同從不疾言厲色批評學生。有學生在課堂上犯了錯，他只在下課後和顏悅色向對方指

出，然後向這位學生鞠一躬，提示你可以走了。對老師的喝斥，學生們司空見慣也就麻木不仁了；對李叔同這樣的彬彬有禮，學生們反而手足無措，消受不起。一位學生說：「我情願被夏木瓜（夏丏尊外號）罵一頓，李先生的開導真是吃不消，我真想哭出來。」

曹聚仁也是李叔同的弟子，他在回憶文章中說：「在我們教師中，李叔同先生最不會使我們忘記。他從來沒有怒容，總是輕輕地像母親一般吩咐我們……他給每個人以深刻的影響。」

有些老師滿足於學生口服，居高臨下以勢壓人，不過色屬內荏，收效甚微；李叔同要的是弟子心服，動之以情曉之以理，反而不怒自威，令人敬畏。用豐子愷的話來說就是「溫而厲」。

因為聽從老師的指導，直接從石膏上寫生，豐子愷的繪畫進步迅速。當時豐子愷擔任級長，經常為班級事向李叔同彙報。一次，彙報完了，轉身欲走，李叔同喊他回來，對他說：「你的圖畫進步很快，我在南京和杭州兩處教課，沒有見過像你這樣進步快速的學生。你以後，可以……」

聽到老師說出這樣的話，豐子愷如同數九寒天突然置身於燦爛的陽光中，那份溫暖與喜悅，令他微微有些暈眩。看著老師期待的眼神，他激動而鄭重地說：「謝謝先生，我一定不辜負先生的期望！」那天晚上，李叔同敞開心扉，和這位得意門生聊到深夜。在後來的回憶中，豐子愷說：「當晚李先生的幾句話，確定了我的一生。這一晚，是我一生中一個重要關口，因為從這晚起，我打定主意，專門學畫，把一生奉獻給藝術。幾十年來一直未變。」

少不更事的年輕人，遇到一些突發事件，往往處理不好，遂因此受

書生意氣

挫。豐子愷在浙江師範讀書時也曾犯下大錯。當時學校有位姓楊的訓育主任,作風粗暴、性情蠻橫。豐子愷因瑣事和他發生口角,一言不合,竟動起手來,雖然只是推推搡搡,並未真正開打,但一向盛氣凌人的訓育主任哪肯善罷甘休,立即要求學校召開會議處理此事。會上,訓育主任痛斥豐子愷冒犯老師忤逆不敬,主張開除豐子愷。這時候,李叔同站起來,說了一番話:

「學生打先生,是學生不好;但做老師的也有責任,說明沒教育好。不過,豐子愷同學平時尚能遵守學校紀律,沒犯過大錯。現在就因了這件事開除他的學籍,我看處理得太重了。豐子愷這個學生是個人才,將來大有前途。如果開除他的學籍,那不是葬送了他的前途嗎?毀滅人才,也是我們國家的損失啊!」

李叔同這番話合情合理,怒氣沖沖的訓育主任作聲不得。接著,李叔同提出自己的主張:「我的意見是:這次寬恕他一次,不開除他的學籍,記他一次大過,教育他知錯改錯,我帶他一道去向楊老師道歉。這個解決辦法,不知大家以為如何?」

李叔同的建議得到大家一致贊同。豐子愷因此逃過一劫,保住了學籍。

李叔同宿舍的案頭,常年放著一冊《人譜》(明劉宗周著),這書的封面上,李叔同親手寫著「身體力行」四個字,每個字旁加一個紅圈。

豐子愷到老師房間裡去,看見案頭的這冊書,心裡覺得奇怪,想:李先生專精西洋藝術,為什麼看這些老古董,而且把它放在座右?後來有一次李叔同叫豐子愷等幾位學生到他房間裡去談話,他翻開這冊《人譜》指出一節給他們看:

「唐初,王(勃)、楊(炯)、盧(照鄰)、駱(賓王)皆以文章有盛

名，人皆期許其貴顯，裴行儉見之，曰：士之致遠者，當先器識而後文藝。勃等雖有文章，而浮躁淺露，豈享爵祿之器耶……」

李叔同把「先器識而後文藝」的意義講解給豐子愷他們聽，說這句話的意思是「首重人格修養，次重文藝學習」，簡言之就是說「要做一個好文藝家，必先做一個好人」。李叔同還提醒幾位弟子，這裡的「貴顯」和「享爵祿」不可呆板地解釋為做官，應該解釋為道德高尚、人格偉大的意思。

李叔同那晚的一席話為豐子愷留下深刻印象，他說：「我那時正熱衷於油畫和鋼琴的技術，這一天聽了他這番話，心裡好比新開了一個明窗，真是勝讀十年書。從此我對李先生更加崇敬了。」

李叔同出家前夕把這冊《人譜》連同別的書送給了豐子愷。豐子愷一直把它保藏在緣緣堂中，直到抗戰時被炮火所毀。後來，豐子愷避難入川，在成都舊書攤上看到一部《人譜》，想到老師從前的教誨，當即買下，以紀念老師曾經的苦口婆心。

李叔同曾留學日本，他深知，倘想學畫，赴日深造非常重要。於是，他像勸劉質平那樣勸豐子愷去日本研究繪畫，他說：「最近日本畫壇非常熱鬧。他們很注意兼收並取，從而創作出極有本民族特色的嶄新風格。這種經驗值得我們借鑑。你今後應該多讀一些日本的藝術理論書籍，最好讀原文。我從現在起教你日語。」

1918年春天，李叔同留學期間的老師黑田清輝帶著幾位日本畫家來西湖寫生。李叔同教學繁忙不能陪同，就讓豐子愷做導遊，一來可以讓他向幾位日本畫家學習繪畫，一來也可以鍛鍊他的日語。豐子愷後來聽從師命赴日遊學，雖然沒有刻意去讀一張文憑，但開闊了眼界，增長了

見識。豐子愷後來重寫意不重寫實的畫風形成，得益於遊學期間對日本畫家竹久夢二作品的揣摩與借鑑。

在李叔同的教導、幫助與勉勵下，豐子愷才走上繪畫這條路，並始終如一、精益求精地鑽研畫藝一輩子。

1948年11月，豐子愷結束了在臺灣的畫展和講學，特意去泉州憑弔老師的圓寂之處——開元寺溫陵養老院。在老師的故居和他手植的楊柳面前，徘徊良久，不願離去。最後繪畫一幅，題詞曰：「今日我來師已去，摩挲楊柳立多時。」

豐子愷對老師的追慕與懷念，濃縮在這兩句題詞中。寥寥數語，勝過千言。

「桃李春風一杯酒，江湖夜雨十年燈。」身為學生愛戴的老師，李叔同關愛弟子的故事像酒一樣芬芳而醉人；而他指點學生的話語則像不滅的燈，讓暗夜中的他們，找到一條前行之路。

在浙江一師的七年，李叔同的多才多藝得以淋漓盡致地展現出來。他的藝術創作，在那一階段，如同江南的春天，繁花似錦，生機勃勃。

在浙江一師任教之餘，李叔同完成了一冊《西洋美術史》，這是中國第一部西洋美術史，但由於李叔同不願出版，原稿已散失。

1913年，李叔同還發表了〈近世歐洲文學之概觀〉，雖然只是一篇文章，還不能稱之為著作，但這卻是中國人首次撰寫的歐洲文學史。

另外，在推廣版畫、引進西洋畫方面，李叔同所做的工作都是開創性的。

在詩詞、歌曲創作方面，李叔同也迎來了勃然而起。他的一些流傳至今的代表作，都創作於這個時期。

送別

　　長亭外，古道邊

　　芳草碧連天。

　　晚風拂柳笛聲殘，

　　夕陽山外山。

　　天之涯，地之角

　　知交半零落。

　　一壺濁酒盡餘歡，

　　今宵別夢寒。

　　長亭外，古道邊，

　　芳草碧連天。

　　問君此去幾時來，

　　來時莫徘徊。

　　天之涯，地之角

　　知交半零落。

　　人生難得是歡聚，

　　唯有別離多。

〈送別〉的歌詞是李叔同所作，借用了美國通俗歌曲作者奧德威（John Pond Ordway）的作品〈夢見家和母親〉的曲子。這首歌太有名了，它幾乎成了李叔同的另一個名號，是李叔同代表性作品。當代歌手樸樹曾翻唱這首名曲，他感慨，倘若這首歌詞是他寫出來的，他寧願當場就死。這表明他對這歌詞的喜歡到了何種程度。有位評論家對這首歌曲做

書生意氣

了如下評價:「少年人聽到這首歌,會沉醉於它的旋律與節奏。青年人聽到這首歌,能體會到『為賦新詞強說愁』的甘美與憂愁。中年人聽到這首歌,會感受到半生勞苦的無奈以及歲月流逝的無情。老年人聽到這首歌,會想到生命的倏忽與世事的滄桑。」總之,不論何人,不論在生命的何種階段,「都能在這首歌中體認到悵悵不甘的人生意味」。

這首歌問世後風靡一時,一直到現在,大眾對這首歌的喜愛也有增無減。事實上,李叔同僅憑這首歌就可以名垂青史了,如同「孤篇蓋全唐」的張若虛。

蕭公權：「以學心讀，以平心取，以公心述」

「家庭教育」，奠定了蕭公權問學及為人的基礎

1897 年 11 月 29 日，蕭公權出生於江西省中南部的泰和縣。他出生一個月，母親病逝。之後不久，因乏人照料，他被過繼給遠在四川工作的大伯父。十二歲那年，父親亦病逝。父親病逝前幾天，對蕭公權說：「大伯父要你過房承繼，我當然很放心，但也很捨不得。我平日時常出門在外，不能多照顧你，我現在追悔不及。我望你好好做人，好好讀書。你如願意經商也好。無論讀書經商，總要腳踏實地，專心努力去做。此外我望你將來成家立業，要看重家庭，看重事業，不要學我的榜樣。我多年來東走西奔，沒有成就，於人於己都無益處。」

父親這番遺囑對蕭公權後來的生活多少產生了一些影響。

父母的病亡，並未使蕭公權生活在不幸的陰影中，因為他誕生於一個家族意識濃厚的大家庭。他被過繼給大伯父後，大伯父待他如親生兒子。大伯父是個商人，辦事精明，人脈豐厚，在商界頗有名氣。他關心幼年蕭公權的生活，但對他的管教也相當嚴格。蕭公權八九歲時很頑皮，時常在外面玩鬧嬉戲。一次，大伯父嚴肅地對他說：「這樣沒規矩，不像一個斯文人，將來只好去抬轎。」後來蕭公權發憤學習，成績突飛猛進，大伯父在背後誇獎他，說：「可惜科舉廢了。否則舉人進士這孩子應當有份的。」

蕭公權二伯父在政界任職，退休後定居上海。他對家族中的晚輩關愛有加。家族中的晚輩在上海讀書時，寒暑假都住在他家。蕭公權在上

海讀書時，節假日就住在二伯父家。二伯父有四個兒子，又有六個姪兒在上海讀書，一到節假日，家就成了學生宿舍。

二伯父不苟言笑，不怒自威，晚輩對他有些畏懼，但也有例外的時候。一次，二伯父的一個兒子在外面吃了點心，回家吃晚飯時，沒吃幾口就放下碗筷。二伯父不高興了，說：「平常罵人不中用，說這是個飯桶。假如一個人連飯都不能吃，那豈不是比飯桶還不如嗎？」正在用餐的包括蕭公權在內的十位年輕人聽了，一言不發，但心裡不約而同有了想法。當晚，二伯父的另一個兒子就提議：「我們明天晚飯，一齊大顯身手。」第二天晚上，二伯父大手一揮，說，「吃罷」。十位年輕人，端碗大吃，不到十分鐘，風捲殘雲，一桌飯菜，全部下肚。二伯父心領神會，強忍住笑，吩咐廚師上飯上菜。

在蕭公權的求學生涯中，二伯父的三兒子叔玉給予他很多幫助和指導。蕭公權是在叔玉的指導和鼓勵下，才考取上海基督教青年會中學；1918年夏天，又在他的鼓勵下，以一個中學畢業生的資格考入清華學校的高等科三年級。如果不是叔玉的鼓勵，蕭公權不會報考，因為當年報考者均是大學一二年級學生，以中學畢業生身分報考，只蕭公權一人。

叔玉為人熱誠，治學嚴謹，後來他和蕭公權都在美國密蘇里大學求學，課餘常在一起聊天。一次，蕭公權談話時用了「大概」、「差不多」等字眼，叔玉立即嚴肅地批評他，要他盡快改掉這種「國人不長進的習氣」。蕭公權後來說：「我雖然不曾完全掃除思想上或言辭上模稜的毛病，他的規勸，卻至今未忘，使我受益不少。」

蕭公權考取了清華學校，二伯父十分高興，聽說他沒有從上海到北京的路費，立即吩咐兒子為蕭公權買好車票，還給了他一些零用錢。後

來蕭公權得以赴美留學，二伯父更高興了，特意獎賞他一百元錢，在當時這不是一筆小錢。赴美那天，他還親自把蕭公權送到上海碼頭。

蕭公權幼年即失去父母，但大伯父二伯父無微不至的關懷，讓他一直生活在愛的陽光裡。正因如此，五四新文化對舊家庭的攻擊，蕭公權不能認同，回憶自己的成長經歷，他說過這樣一段話：

「一個人的性格和習慣一部分（甚至大部分）是在家庭生活當中養成的。上面提到的尊長和弟兄在不同時間，不同環境，不同方式之下，直接地或間接地，有意地或無意地，給予我幾十年的『家庭教育』，奠定了我問學及為人的基礎。五四運動的健將曾經對中國舊式家庭極力攻擊，不留餘地。傳統家庭誠然有缺點，但我幸運得很，生長在一個比較健全的舊式家庭裡面。其中雖有不能令人滿意的地方，父母雙亡的我卻得著『擇善而從』的機會。因此我覺得『新文化』的攻擊舊家庭有點過於偏激。人類的社會組織本來沒有一個是至善盡美的，或者也沒有一個是至醜極惡的。『新家庭』不盡是天堂，舊家庭也不純是地獄。」

考取清華學校，應該感謝幾位老師

蕭公權的大伯父十分重視教育，蕭公權幼年時即為他請了私塾老師。幾位塾師中，使蕭公權印象深、獲益多的是何篤貞先生。何老師教了蕭公權整整五年。蕭公權說：「在這五年當中，在何師教導之下，我才粗淺地認識了中國經史文學的輪廓，經驗到學而時習的快感。」

身為教師，何篤貞先生的一個優點是，能針對學生需求，選用適當的教材，從而引發學生的求知欲，「領著他們在不知不覺間步步前進」。

考慮到當時蕭公權年滿十四歲，且不僅要學習古代經典，還要學習

書生意氣

西方文化，何老師認為，在這種情況下讓蕭公權按部就班讀完中國經典，已經不現實。所以，他要求蕭公權涉獵《十三經》，但不必熟讀成誦。他對蕭公權的要求如下：1.熟讀《詩經》、《春秋左傳》、《禮記》、《尚書》和《爾雅》；2.涉獵《周禮》、《儀禮》、《易經》和《孝經》；3.若有餘暇，過目一下《公羊傳》、《穀梁傳》。簡言之，何老師是採用一種「速成」法讓蕭公權讀完了《十三經》。對於史書，何老師要求蕭公權重視「史實」，而不必注意對「史實」的褒貶。

對於何老師，蕭公權一直心存感激，他說：「在那五年中近乎偷工減料地讀經史，給予我不少『國學』常識，後來受用不盡。這不能不歸功於何師。」

此外，何老師還時時鼓勵蕭公權讀一些「合胃口」的雜書，「不限一家，不拘一格」，培養了蕭公權博覽的習慣，讓蕭公權獲益終生。

蕭公權中學就讀於上海的青年會中學，當時該校有三位老師蕭公權最為敬重：程萬里先生，何挺然先生，馬瑞琪先生。

馬先生的一次別開生面的考試讓蕭公權大受啟發。那次考試地點在實驗室，每位學生面前擺放了十個小瓶，裡面是無色液體。考試要求就是讓學生用簡單的「定性分析」法，驗證出瓶中液體為何種物質。第一到第九瓶，蕭公權都順利分析出液體的性質，第十瓶，蕭公權用盡辦法，液體沒有任何化學反應。絕望下的蕭公權突然想到，難道這是一瓶蒸餾水？於是蕭公權一面拿起這瓶液體，裝作要喝下去的樣子，一面偷窺馬老師的反應，但馬老師面無表情。蕭公權有了答案，在考卷上寫下：No.10──H20。蕭公權的答案當然是對的。事後，蕭公權對此次考試有如下總結：「我相信馬先生讓我們化驗蒸餾水不是要尋開心，而是要啟

示我們探求科學知識固然不能完全依賴書本,也不可盲目地循著指定的途徑去進行。」

國文教員葉楚傖先生一次布置了一道作文題〈神人無功說〉。蕭公權在文末寫道:「夫既無功,呼之日人,斯為得矣。乃命日神,不幾失之辭費,沉濁而不可莊語乎。」葉老師對這個結論十分欣賞,對蕭公權勉勵有加。

蕭公權說,1918年他能被清華學校錄取「應該感謝中學的幾位先生」,分別是上文提及的國文老師葉楚傖、英文老師程萬里、數學老師何挺然。蕭公權說:「他們所教課程的內容好像是為我所投考清華的預備。」

何先生教中級代數時,一再要求學生「活用腦筋」,看到習題首先認真分析,決定了解答的途徑或方法後再動筆做,否則盲目去做,可能白費功夫。那年清華代數題目出題者是霍普夫(Heinz Hopf)所出十道中級代數題,有兩題是不可解的。蕭公權拿到試卷,先把十道題認真看了一遍,確定兩道題不可解,就全力以赴去做其他八道題,規定的兩小時不到便完卷。很多考生在那兩道題上耗時太多,其他題目來不及完成。

英文題目是把一首詩改寫成散文。蕭公權讀六年級時候,程老師就要求他們做「改寫」的作業,這道題對蕭公權來說駕輕就熟。很多同學不了解「改寫」的意思,這道題只能得零分了。

國文題目更巧了。六年級最後一堂作文課,葉老師布置的作文題目和清華試卷的作文題目一樣。那次作文,很多不成熟之處,葉老師都做了修改,蕭公權也牢記在心。於是,蕭公權只要憑記憶把經老師修改、潤色過的作文謄寫在試卷上即可。於是,他這一篇作文,不但「如出宿

構」，而且「文不加點」。

蕭公權中學時就是優等生，對老師每一句話每一道作業都認真對待，所以在考試中才會勝出。如果中學時他敷衍了事，即使遇到同樣的考題，他恐怕也會束手無策。所以，我們不必羨慕他的「好運」，我們要做的是像他那樣認真，無論在人生哪個階段，無論學習的是哪門課程。

跟著興趣走

胡適 1910 年進康乃爾大學時讀的是農科，學了三個學期後，胡適發現自己完全不喜歡這個專業，對各門專門課毫無興趣。經過一番深思，胡適覺得自己學農是一個錯誤。一方面，他對這些課程了無興趣；另一方面，他早年攻讀的哲學文學書籍，所累積的哲學文學知識也派不上用處。胡適此時意識到，自己的興趣還是哲學和文學，選擇農學與自己的興趣、性情完全不符。於是他果斷作出決定，放棄農學，轉入文理學院，改習文科。

胡適這一轉變意義重大，如果他繼續修農學，也許中國會多一位中規中矩的農科學者，卻少了一位傑出的歷史學家，少了一位推動文學革命的急先鋒、一位「中國文藝復興之父」，白話文的推廣很可能會因此推遲。

因為有切身體會，胡適後來在多次演講中都強調，身為青年，要了解自己的性情，發現自己的興趣，再根據自己的性情、興趣選擇主攻方向：

「社會上需要工程師，學工程的固不憂失業，但個人的性情志趣是否與工程相合？父母、兄長、愛人都希望你學工程，而你的性情、志趣甚

至天才,卻近於詩詞、小說、戲劇、文學,你如遷就父母、兄長、愛人之所好而去學工程,結果工程界裡多了一個飯桶,國家社會失去了一個第一流的詩人、小說家、文學家、戲劇學家,不是可惜了嗎?」

胡適的結論是:「社會上需要建築工程師,需要水利工程師,需要電力工程師,也需要大詩人、大美術家、大書法家、大政治家,同時也需要做新式馬桶的工人。能做新式馬桶的,照樣可以發財。……因此選科擇業不要太注重社會上的需要,更不要遷就父母、兄長、愛人的所好。爸爸要你學賺錢的職業,媽媽要你學時髦的職業,愛人要你學社會上有地位的職業,你都不要管他,只問你自己的性情近乎什麼,自己的天才力量能做什麼,配做什麼。要根據這些來決定。」

當然,根據自己的興趣、性情來選科擇業,首先要了解到自己的興趣和性情。

梁啟超在一次講演中,建議年輕人:「研究你所嗜好的學問。」他解釋說:「嗜好兩個字很要緊。一個人受過相當的教育之後,無論如何,總有一兩門學問和自己脾胃相合,而已經懂得大概可以作加工研究之預備的。請你就選定一門作為終生正業(指從事學者生活的人說)或作為本業工作以外的副業(指從事其他職業的人說)。不怕範圍窄,越窄越便於聚精神;不怕問題難,越難越便於鼓勇氣。你只要肯一層一層地往裡面追,我保你一定被它引到『欲罷不能』的地步。」

蕭公權成為傑出的政治學專家也緣於「跟著興趣走」。

蕭公權去美國密蘇里大學一開始讀的是新聞學。他對大部分課程比較滿意,但一門「初級新聞採訪」讓他難以應付。這門課大部分時間要求學生去火車站採訪下車的客人。這些客人行色匆匆,很少願意接受學生

的採訪,即使有人願意接受採訪,他們回答來這裡的原因也極其普通,比如來此看親戚或訪友。這樣的回答當然沒有新聞價值,無法刊登在《密蘇里人》上(*Missourian*,新聞學院為學生實習所辦的日報)。學期結束,蕭公權這門課勉強及格。他做「無冕之王」的夢也碎了,於是知難而退,選擇了自己一向興趣濃厚的哲學專業,終成一代名家。

蕭公權在一篇文章中表達了如下觀點,那就是一個人想要學有所成,必須窮年累月,專心致志,亦即所謂的「好學不倦」,做到這一點的前提是,該學者對自己所選擇的專業有強烈的興趣。換句話說,如果對自己的專業沒有濃厚的興趣,即便埋頭苦幹,也很難取得滿意的成績。蕭公權在政治學領域碩果纍纍,成就顯著,就是因為,在關鍵時刻,他放棄了自己不擅長的新聞學,選擇了興趣濃厚的哲學作為主攻方向。

抗戰結束時,老友蔣廷黻曾推薦蕭公權擔任上海《申報》主筆。蕭公權學過新聞,深知報紙是討論時事、宣傳文化的重要陣地,但經過一番思考,他覺得自己的見識、文才、訓練和修養等方面不足以勝任這項工作。事實上,抗戰前夕和抗戰中,蕭公權在朋友的敦促下寫過一些時論,那些文章都是他埋頭苦思、一再修改下完成。既然自己沒有「下筆萬言,倚馬可待」的捷才,蕭公權知難而退,婉謝了老友的好意。

蕭公權不入仕途,不當主筆,從根源來說,還是對從政、辦報缺少興趣。

蕭公權後來在清華任教,要求學生完成研讀報告時,也提醒學生「以本人的興趣為標準」:

「我事先對學生說:作研讀報告的意義,不在『應付功令』,而在培養研討的能力和取得寫作的經驗。選擇專題應當以本人的興趣為標準。

撰寫報告應當以寫成的文字有日後參考的價值為目的。」他叮囑學生，寫一篇報告就是為以後的治學打基礎，若想搭建學術「大廈」，讀書報告就是奠基的「一撮泥土，一塊磚石」，當慎重對待。

學術性文字的座右銘

何炳棣認為，20世紀炎黃子孫博士論文一出版即成國際名著只有兩部，其中一部就是蕭公權出版於1927年的博士論文《政治多元主義：一項當代政治理論研究》。倫敦大學政治經濟學院權威拉斯基（Harold Laski）在書評中譽之為「學力與魔力均極雄渾，為政治學界五年來所僅見」。

蕭公權能寫出如此傑出的博士論文，得益於他在康乃爾大學讀博時的兩位導師，狄理教授（Frank Thilly）和愷德林教授（George E. G. Catlin）。狄理教授指導學生時，偏重啟發而不是一味說教或灌輸。狄理教授當然有自己的哲學觀點，但他從不強求學生接受自己的觀點，蕭公權說：「他鼓勵學生各人自尋途徑，自闢境地。學生所見縱然不合他的主張，只要是『持之有故，言之成理』，他也任其並行不悖。」蕭公權得益於狄理教授的這種「教授法」，後來只要有機會，他也宣傳、推廣這種「教授法」，他認為，這種「教授法」不僅適用於指導哲學系學生，也適用於任何專業的學生。

1925年，蕭公權著手寫博士論文。狄理教授對蕭公權說：「關於政治多元論的種種，到了現在，你所知道的應當較我為多。我未必對你有多少幫助。何況這是你的論文，你應該根據你自己的心得去撰寫。導師的職務不是把自己的意見交給研究生去闡發，而是鼓勵他們去自尋途徑，

書生意氣

協助他們去養成獨立研究的能力。」

　　蕭公權撰寫這部讓其一鳴驚人的博士論文之初，因為過於重視，也犯了一次錯。《論語》中有句名言曰：辭達而已矣。朱熹對這句話的解釋是：「辭取達意而止，不以富麗為工。」蕭公權知道，這是做文章的最高原則，寫學術論文尤應如此。撰寫碩士論文時，蕭公權小心謹慎，力求辭達而已。但在寫博士論文時，蕭公權突然覺得，既是博士論文，文字或應華美一些，於是在語詞上狠下一番功夫，舞文弄墨，雕章琢句，完成了一篇將近三千字的導論，然後，不無自得地把導論交給狄理教授稽核。過了幾天，狄理教授把他叫入辦公室，從書架上拿起他的「導論」，不客氣地扔在桌上說，「這完全不行」，然後一言不發坐在椅子上生悶氣。蕭公權知道老師生氣是因為失望。拿回稿子，他閉門思過，醒悟：導論被否決，完全是他違背了以前奉為圭臬的「辭達而已」的原則，刻意求工，弄巧成拙，只能另起爐灶。一番刪繁就簡，洗盡鉛華，花了一個月時間，本著「辭達而已」的原則，重寫了導論和第一章初稿。導師看了修改稿非常滿意，說：「這就是了。你放手寫下去，不妨等全稿寫完後拿來給我看。」

　　蕭公權花了近一年時間完成了長達八萬字的博士論文，狄理教授和其他幾位指導老師對論文表示滿意。愷德林教授第一時間把論文介紹到倫敦奇根保祿書局，書局當即將其列入「國際心理學哲學及科學方法叢書」，準備出版。蕭公權獲悉後十分快慰：論文一字不改由英國一家重要書局出版；該叢書共有八十多種著作，都是名著，如梁啟超《中國政治思想史》的英譯本、羅素《物質的分析》、柯復嘉《心的生長》。博士論文的出版，讓蕭公權一夜之間躋身於世界頂尖的學者行列，他歡欣鼓舞、喜出望外，寫作、研究信心也隨之大增。

關於教學，章實齋說過這樣一段話：「人生稟氣不齊，固有不能自知適當其可之準者，則先知先覺之人，從而指示之，所謂教也……教人自知適當其可之準，非教之捨己而從我也。」蕭公權認為，他在康乃爾大學讀博時的狄理教授、愷德林教授就是按這種方法來教他的。蕭公權由此了解到，大學教育的宗旨，不僅在於教師把已掌握的知識傳授給學生，還包括一種引導，像前輩指引後輩一樣：「使能各就其適可之準，向著學問之途，分程邁進」。

蕭公權當老師後，把自己寫論文的經驗傳授給學生。談到治學方法，胡適有句名言：大膽的假設，小心的求證。蕭公權對這句話做了補充，說，在假設和求證之前還要有一個「放眼看書」的階段。蕭公權告訴我們，這裡的「書」不僅指普通意義的書，也包括與研究題目相關的事實、理論等。蕭公權認為，經過「放眼看書」，對於研究對象才能加深印象，提出合理的假設；有了假設，再向所看之書中去小心「求證」，這樣寫論文，得出的結論才能穩妥、可靠。蕭公權提醒我們，看書不作「假設」，會陷入「學而不思則殆」泥淖；看書不多，輕率「假設」，就落入「思而不學則怠」深坑。蕭公權以「小時不識月，呼作白玉盤」為例，進一步闡述其中道理，說，如果「不識月」而大膽地把月亮假設成「白玉盤」，再「小心求證」也於事無補。蕭公權說，這個所謂「白玉盤」的假設，是文學想像，不管假設得對不對，於我們生活不會發生大的影響，但科學家、思想家的錯誤假設，則會傷筋動骨，重創社會，所以，必須慎之又慎。

關於「放眼看書」，蕭公權要求學生做到兩點：「一是盡量閱覽有關的各種資料；二是極力避免主觀偏見的蒙蔽。」蕭公權認為，對直接資料的研讀，要「力求精悉」；對間接資料的參考，要盡量廣博。蕭公權特別

反對那種帶著觀點找資料的做法，他認為，對與自己觀點不符的資料視若無睹、故意迴避是極不可取的自欺欺人的下流手法。

荀子說過這樣的話：「以仁心說，以學心聽，以公心辨。」蕭公權把荀子的話改為：「以學心讀，以平心取，以公心述。」蕭公權認為，經他修改過的這句話，可作為寫學術文章的座右銘。

「有了這種態度，學術才能邁進」

蕭公權曾在胡適主辦的《獨立評論》發表〈如何整頓大學教育〉一文，蕭公權在文中認為，教育失敗的直接原因，在於教育當局未能認清教育的性質和功用。蕭公權指出，當時甚囂塵上的「粗淺的實用主義」——教育的目的不是學問本身而是本身以外的「用」（如「揚名聲，顯父母」）——導致當時的中國「雖有長期的教育史，而無科學的產生」。

在蕭公權看來，把全部的大學教育認為僅是實用教育，把高等普通教育與專門或職業教育混為一談，是教育失敗的根本原因。基於以上分析，蕭公權提出整頓大學教育的三個原則：

明確大學教育的功用是培養治學人才，與職業教育劃清界限，兩不相妨；

確定治學人才的出路；

培養「學以求知」的科學精神，放棄「學以致用」的科舉觀念。

所謂「學以求知」的科學精神，就是要有「為讀書而讀書」的態度，不要把「讀書」當作敲門磚。他認為，如果我們所做的事是興趣所在，就會把做事本身當作目的；對所做的事毫無興趣，就會把所做之事當作一

種方法。蕭公權以中美商人為例指出兩者之別：

「我們不妨以商人為例。中國商人以賺錢為目的，以經商為方法。兩者是截然兩事，所以他們對於商業本身並不真感興趣……他們的理想是發一筆財，退休養老，做『封翁』，享『清福』。美國的商人往往發了百萬千萬的財，到了六七十歲應當退休的時候，仍然繼續不斷地工作。他們誠然是想致富而經商，但他們對於商業的本身也有興趣。換句話說，經商是方法，同時也是目的。到了發財以後，他們繼續工作，顯然不是為了賺錢而是為工作而工作。中國商務落後，原因不一。商人的從業態度，可能是其中之一。我以為缺乏為工作而工作的『敬業』精神，是中國『國力』不充實的一個主因。有了這種精神，國力才會增加。如果國人能夠忠實地為做官而做官，為當兵而當兵，為讀書而讀書，為遊戲而遊戲——如果多數人有這樣的工作態度，全國的事務必然好辦多了。」

蕭公權建議，培養這種態度，最好從所謂知識階級做起：「號稱最高學府裡的師生應該有為讀書而讀書的態度。有了這種態度，學術才能邁進。」

所謂「為讀書而讀書」的態度，就是一種「純粹的科學精神」，蕭公權認為，教育當局在大專院校應該倡導這種精神。

除了上述看法，蕭公權還提出，讓教育在適宜條件下，自力生長，是教育走上正軌的一個根本辦法。在〈論教育政策〉一文中，蕭公權亮出自己的主張，他說，教育文化是一種前進的努力，「愈是自由，愈能發展」。因此，他建議，把地方自治的原則應用於教育機關。蕭公權說，教育作用之一是培養優良品德，而政府管制在這方面所發揮作用有限。在蕭公權看來，培養學生道德品格的最有效方法是「以身作則，潛移默

化」，所以，如果師長、父兄，乃至社會人士樹立了做人的榜樣，當局就無須三令五申，過度干涉了。蕭公權告誡人們，不適當的干涉會使文教生機枯萎。蕭公權說，當局當然要對教育予以必要的指導與監督，但這種指導與監督要局限在一定範圍：「國家把教育的責任交給學校，交給教師，而向他們責取應有的成績，這才是合理的監督。」

生活中常有人抱怨工作枯燥無味、單調刻板。蕭公權認為，這是因為他沒有對所做的工作產生興趣，陷入荀子所謂「事業所惡也，功利所好也」的泥潭。蕭公權在一篇文章中分析，一旦人覺得工作不是自己興趣所在，乏味無比，「他們在工作的時候必不能夠鼓舞精神，全力以赴」。這樣一來，工作肯定會受到影響：

「在工作可以停止的時候他們自然棄之如敝屣，悠然而逝，別尋快樂。於是電影院、大舞臺、跳舞場平添了無數的主顧……或者打麻將，推牌九，打撲克，夜以繼日，精神百倍。縱然磨到頭昏眼花，腰痠背痛的地步也毫無怨言。等到必須工作的時候已是精神頹喪，意興索然。為了『飯碗』關係，只得勉強敷衍過去。呵欠之餘。再來一聲『生活苦悶』！」

如何改變這種狀況，如何從工作中獲得快樂，蕭公權給出了辦法：改變我們對工作的態度。蕭公權以「藝術工作」為例，指出藝術家對工作的兩種基本的心理：「第一，他對於他的工作有真摯而長久的興趣。第二，他的工作就是他自己的主要目的，而不只是達到另一目的的工具——它不只是取得金錢和名譽的代價。」那麼，如果任何人都能對工作產生興趣，都把工作當目的而非方法，他就可以「聚精會神去推進、去改善、去完成他的工作」。蕭公權說，在這種心理下，「非藝術的工作人也可以享受藝術創造的快樂」。一番細緻分析之後，蕭公權呼籲人們要

完成一種「心理建設」，那就是以藝術的態度去工作：「我們要把工作看成娛樂！我們要拿看戲的興趣去看書，用打牌的精神去辦事！」如此，當然不會感覺工作的痛苦，而能從工作中得到快樂！

關於大學教育，關於如何對待自己的工作，我們當然不必照搬蕭公權的觀點，但如果本著「取其精華，棄其糟粕」的原則，對蕭公權的若干建議予以「批判地吸收」，並非無益。

「知新不棄故的婚姻之路」

1921 年，一位中國女子來密蘇里大學讀書，早就在此求學的蕭公權熟悉當地環境，對這位中國同胞給予了不少幫助：為這位女孩找住處，指點她如何註冊選課，並領她去圖書館借書等。因為交往密切，兩人自然而然產生了友誼。1922 年，該女生赴紐約哥倫比亞大學深造，蕭公權與她書信往來，保持聯繫。1923 年，蕭公權去綺色佳 (Ithaca) 康乃爾大學讀博，次年，那位女生和一位女同學結伴來綺色佳度夏。蕭公權盡「東道主」之誼，領兩位女生遊覽觀光。在一些熟人眼中，蕭公權與那位女生似乎在談戀愛。但蕭公權出國前，家中長輩已為他說定一門親事。堂兄叔玉聽說蕭公權和一位女生來往密切，擔心他移情別戀，就寫信給他，建議他和國內未婚妻通訊，當然是委婉提醒他已有未婚妻，和其他女性交往要保持適當距離。蕭公權接受了堂兄的建議，開始和國內未婚妻通訊。

蕭公權有位族姪也在美國讀書，曾來綺色佳遊玩。這位族姪勸蕭公權不要受傳統的束縛，要勇於自由戀愛，追求自己的幸福。

蕭公權和這位族姪做了一次長談，詳述自己對婚姻的看法，他對族姪說：「你的看法我很了解。就見識、性情、容貌各方面說，她確是一個

動人的女子。她和我雖有濃厚的友誼，卻並不會踏進戀愛的境界。她早知道我已訂婚。承她看重我，願意跟我做朋友，我當然引以為幸，極力珍重她的友誼。一般人看見兩個青年男女來往甚密，便不假思索，斷定這兩人互相戀愛，準備結婚。這誠然是常見的事實。但凡事都有例外。女朋友不一定要改做未婚妻。」

族姪勸蕭公權順應時代潮流，解除舊婚約，追尋新式的以自由戀愛為基礎的婚姻，蕭公權婉謝了族姪的好意，說，你有這種看法，是基於一種前提，就是長輩包辦的婚姻不會幸福，自己選擇的婚姻一定美滿。蕭公權說，他知道自由戀愛在五四之後的知識分子中很流行，但他本人卻不完全認同。蕭公權告訴族姪，男女自由戀愛，也存在一定風險，青年人因一時感情衝動而結婚的不在少數，這樣的婚姻雖是自己的選擇，但結局不一定讓人滿意；而父母包辦的婚姻，當然也有風險，但不表明，所有包辦的婚姻結局必然糟糕。他提醒族姪：「婚姻是否美滿，主要關鍵在當事人是否有志願，有誠意，有能力去使之臻於美滿，而不在達成的方式是自主或包辦。」

交談中，蕭公權和族姪提到伍廷芳，說有外國人在伍廷芳面前譏嘲中國的包辦婚姻，伍反唇相譏，說：「中國人結婚是愛情的發端，西方人結婚是愛情的終止。」蕭公權對族姪說，伍廷芳這話聽上去似乎是開玩笑，實則很有道理，有位叫比爾斯（Ambrose Bierce）的西人也說過類似的話：「愛情是可由結婚而治好的暫時瘋狂病。」蕭公權還對族姪解釋，中國家長為子女包辦婚姻，並非只考慮「傳宗接代」，也會顧及「郎才女貌」、「一對璧人」這樣的理想標準，至於兒女的幸福也在家長考慮之列。所以，蕭公權強調，除非長輩為自己挑選的配偶有重大缺陷，否則，身為子女，沒有必要非得反對長輩為自己選定的配偶。他還對族姪表明，

即使自己要和國內未婚妻解除婚姻，也應該在剛來美國時就提出，不能等十年後自己有了更適合的追求對象再寫信解除婚約。

族姪聽了蕭公權這番長篇大論，連忙告饒，說：「你有你哲學家的道理，我既無法領會，更不敢辯駁。」

蕭公權後來讀胡適的書，驚訝地發現，胡適對中國式婚姻的看法與自己不謀而合。

胡適在日記中提及他曾為中國「舊俗」辯護，大意是：吾國舊婚制實能尊重女子之人格。女子不必自己向擇偶市場求炫賣，亦不必求工媚人悅人之術。

針對人們關於包辦婚姻無愛情可言的懷疑，胡適在日記中提出異議：「此殊不然。西方婚姻之愛情是自造的，中國婚姻之愛情是名分所造的。訂婚之後，女子對未婚夫自有特殊柔情。故偶聞人提及其姓名，伊必面赤害羞；聞人道其行事，伊必傾耳竊聽；聞其有不幸事，則伊必為之悲傷；聞其得意，則必為之稱喜。男子對其未婚妻，亦然。及結婚時，夫妻皆知其有相愛之義務，故往往能互相體恤，互相體貼，以求相愛。向之基於想像，根於名分者，今為實際之需要，亦往往能長成為真實之愛情。」

蕭公權認為，留學生不能因為在外國遇到心儀的對象就輕率、自私地悔婚，胡適也在一次演講中，對中國留學生婚姻上的喜新厭舊做了抨擊：「近來留學生吸了一點文明空氣，回國後第一件事便是離婚。卻不想想自己的文明空氣是機會送來的，是多少金錢買來的。他的妻子要有這樣的好機會，也會吸點文明空氣，不致受他的奚落了。……這種不近人情的離婚，是該罵的。」

蕭公權在北京任教期間讀到胡適上述文字，非常高興，大有「吾道

不孤」之感。

包辦婚姻確實釀出不少苦酒，造成不少人間悲劇，但包辦婚姻也有修成正果的，比如胡適、蕭公權等。蕭公權認為，身為新文化開路先鋒，胡適為當時的年輕人開闢了一條「知新不棄故的婚姻之路」。蕭公權走的正是這一條路。

蕭公權的婚姻雖屬包辦，卻十分美滿，他寫給妻子的三首祝壽詩便是明證：

一

  來歸十六載，忽已近中年。
  身為勤勞瘦，居頻喪亂遷。
  苟逃無米釁，愧乏買山錢。
  困頓吾何恨，親朋贊婦賢。

二

  不將脂粉浣，妝儉擬荊釵。
  寬厚容僮僕，艱難計米柴。
  家寒和有樂，情篤老堪偕。
  中饋辛勞甚，平居鮮涉街。

三

  壼內君專理，一家安樂窩。
  清貧同度日，小誶不傷和。
  燈幔夫妻話，書窗子女歌。
  祝卿康且壽，嘉福後來多。

蕭公權留學歸國不久，就和長輩為她選定的未婚妻舉辦了婚禮。不久，他接到博士論文即將由英國倫敦的奇根保祿書局出版的喜訊，接著又被南開大學聘為教授，他對妻子說：「妳來了，書要出版了，南開大學請我去任教。這是三喜臨門，比『雙喜臨門』還更令人開心滿意。」

書生意氣

何炳棣：「看誰的著作真配藏之名山！」

何炳棣，畢業於清華大學，後赴美攻讀英國史，獲哥倫比亞大學史學博士學位。何氏學識淵博、視野遼闊，是海外中國學界公認的中堅人物。1965 年至 1987 年何炳棣任芝加哥大學歷史系湯普森講座教授，是被聘為講座教授的首位華裔史家。何炳棣堅信卓絕必出自艱苦。他的功成名就完全來自他的堅忍不拔和自強不息。

敬始慎終，磨練意志

何炳棣曾說：「身教言教對我一生影響最深的莫過外祖母張老太太。」外祖母在他幼年時所說的一句話，他終生銘記在心。小時候，每次吃飯時，外祖母就會對他說：「菜肉能吃儘管吃，但總要把一塊紅燒肉留到碗底最後一口吃，這樣老來才不會吃苦。」何炳棣認為，外祖母這句話讓他終身受益。直到晚年，想到外祖母的教訓，他仍大為讚嘆：「請問：有哪位國學大師能更好地使一個五六歲的兒童腦海裡，滲進華夏文化最基本的深層敬始慎終的憂患意識呢？！」外祖母這句話，使何炳棣一生都不敢有絲毫的懈怠，不論何時，不論做何事，他都要做到敬始慎終，一絲不苟。當然，要做到這一點，必須有堅強的意志。所以，幼年起，何炳棣就有意識地給自己加壓，磨練自己的意志。一年除夕，全家都去劇院包廂看戲，何炳棣平素也是個戲迷。那天晚上，臨動身前，他突然想考驗一下自己的意志，能不能在大年三十的晚上，放棄享樂，堅持讀書？於是，他決定不去看戲，而是獨自待在家中，背誦林肯的著名演說，一遍又一遍，直至背熟。這一次的磨練成功，不僅讓他養成了自我加壓

自我磨練的習慣，也讓他對自己克服惰性戰勝困難有了足夠的力量和信心。

考取清華後，第一次月考，何炳棣的西洋通史考了八十九分，最高分是九十一分，按理，這樣的分數不算低了，換了旁人，或許很滿足了。但何炳棣卻對自己不滿意。他對此次考試做了如下的自我檢討：「分數並不太重要，最重要的是自我檢討——何以如此用功而不能獲得應有的報酬；讀書思維習慣如不認真改善，將來怎能應付全國競爭的留美或留英考試。」檢討之後，何炳棣決心就以這門西洋通史作為磨練意志的對象，「此後務必先求徹底牢記消化基本教科書中的大問題和細節，然後抽讀較高層次參考書中的精華」，爭取在考試答題時既準確無誤又富有深度。果然，第二次月考，何炳棣得了九十九分，為全班之冠。這次的成功，讓何炳棣懂得，讀書、治學，只能「扎硬寨，打死仗」，不能存半點僥倖心理，也根本沒有什麼捷徑可走。

後來，何炳棣決定培養自修的習慣。所謂自修，是指課程以外的有用知識和自我培訓工作。一年暑假，他和父親偶然聊天時，父親說：「你初中畢業那年暑假曾翻點過《史記》一二十篇列傳，今後是不是也應該讀點英國『太史公』？英國有沒有類似太史公的大史學家？」何炳棣答：「英國最有名的歷史家恐怕是 18 世紀的吉朋（Edward Gibbon），他的不朽鉅著是《羅馬帝國衰亡史》（*The History of the Decline and Fall of the Roman Empire*）。」

何炳棣原本想大學畢業後再啃吉朋這部鉅著，經父親提醒，他索性決定大二就利用課餘時間攻讀這部大著。由於歷史知識的欠缺，外語程度不夠，何炳棣攻讀這部大著可謂吃盡苦頭，但卻獲益甚多，他說：「吉朋那種對人性具有深刻了解、富於哲理的觀察論斷，絢麗堂皇、鏗鏘典

雅而又略含諷刺的詞章短語，偶或不易真懂；可是，凡能真懂的卓思妙句卻對我七年後的中美庚款考試發生出乎意料的積極作用。」

何炳棣參加的是第六屆留美考試。第二大題是在西洋史學的三大名著中選一部加以評估。三部中的兩部何炳棣並不熟悉，但其中吉朋的《羅馬帝國衰亡史》他在大二期間已經精讀數遍，他可能是唯一讀過這部大著的考生。他知道此書最精彩之處就在開頭十幾章，尤其是頭三章，綜合描述了羅馬帝國全盛時期的版圖、軍事、政制、首都和地方的關係、民族政策、社會、經濟、文化、宗教信仰，分析、闡述了羅馬長達幾十年全盛的各種因素；另外，第十五章，專談早期基督教屢受壓制而終戰勝各種勢力成為國教的過程與原因，也是全書精華所在。因為對這部書瞭如指掌，何炳棣答題時駕輕就熟，一揮而就，且把全書中最精彩的一段話一字不漏默寫出來：

「流行於羅馬帝國寰宇之內的各式各樣的［宗教］信仰［和膜拜］，一般人民看來，都是同樣靈驗；明哲之士看來，同樣荒誕；統治［階級］看來，同樣有用。」

後來在芝加哥大學的一次講演中，何炳棣即興背誦出這句名言，指出基督教胸襟之狹窄，並分析吉朋之所以寫出這段流傳至今富有理性的名言，是因為18世紀西歐一流的哲人深受古代中國人本主義的影響，也就是說，吉朋這句名言，語言是英語，但表達的精神卻是中國的，而非基督教的。何炳棣的簡短發言，贏得了包括芝加哥大學校長在內的眾多聽眾的認同與讚賞。

意志堅強的人，不但能經受挫折的打擊，還能從挫折中獲益。何炳棣就是這樣的人。

何炳棣赴美攻讀，取得西洋史博士學位後，想把研究目標從西洋史轉向中國史，一位飽學的學長提醒他，從高深的西洋史研究轉向中國史研究大約需要五年的過渡期。然而，何炳棣只花了三個月時間，就寫出了長達一萬五千字的關於中國18世紀商業資本研究的學術論文。何炳棣寫這篇論文，是受到另一位學長的啟發。一個偶然的機會，何炳棣看到這位老學長所寫一篇研究「商籍」的短文，他因此了解到清代的「商籍」並不指一般商人，而僅僅指兩淮等幾個鹽區為鹽商子弟考生員所設的專籍。此文讓何炳棣眼界大開，他由此聯想到，古老的中國，歷代制度上的若干專用名詞不能望文生義，這些專門名詞的真實內涵和演變過程值得認真梳理、考辨，於是，他確立了研究對象——兩淮鹽商。能從一篇短文中獲得重大啟示，說明何炳棣目光之敏銳，但倘若沒有廣博豐厚的歷史知識，沒有對歷史的長久而深入的思考，敏銳的目光從何而來？這篇論文很快被著名的《哈佛亞洲學報》（*Harvard Journal of Asiatic Studies, HJAS*）採納，這表明何炳棣已成功轉向。三個月時間就能「跳過龍門」，與其讀書治學的「扎硬寨，打死仗」有很大關聯。

人人都有惰性，都有懈怠的時候，何炳棣也不例外。但何炳棣卻用一種「自我詛咒」的辦法摧毀自己的惰性。在北京上學，聽戲很方便，何炳棣自小是個戲迷，現在近水樓臺，自然心癢難耐，一到週末就想去看戲，然而每次想去看戲時，何炳棣就開始「自我詛咒」：「在清華讀書期間如果進城去聽一次京戲，留美或留英考試就必名落孫山。」這樣一「詛咒」，看戲的念頭也就嚇跑了。其實，偶爾看一次戲，並無多大害處，但何炳棣認為，看了第一次就想第二次，看了楊小樓就想看郝壽臣，惰性就像野草，瘋長起來就「野火燒不盡」了，於是他來個「斬草除根」，杜絕了第一次，也就杜絕了懶惰、鬆懈的源頭。何炳棣在美國求學，幾乎

長年躲在圖書館裡找資料、做筆記，這樣的日子極其枯燥。為了堅持下來，每天晚上，圖書館閉館後，何炳棣走到大街上，會深深吸一口清新的空氣，內心裡大吼一聲：「看誰的著作真配藏之名山！」他就是用這樣高遠的目標激勵著自己，戰勝艱辛與懈怠，從而寫出厚重的影響深遠的學術著作。

做學問「扎硬寨，打死仗」，這個習慣何炳棣堅持了一輩子。快退休的幾年裡，何炳棣決定自修西方經典哲學和當代哲學分析方法，在先秦思想史方面也扎起硬寨。為考驗自己的毅力與精力，他決定在自己一直從事的研究領域再打一次硬仗，終獲凱旋，完成了長文〈南宋至今土地數字考實〉，接連兩期刊載於 1985 年《中國社會科學》。此文極具原創性，視野開闊，考證縝密。著名地理歷史學家譚其驤給予很高評價：「覃思卓識，遠逾前修，欽佩無量。」

當時葛劍雄是譚其驤指導的第一位博士生，譚還請何炳棣協助指導葛劍雄。

「盡人事，聽天命」

人生中總會遭遇一些不期而至的變故，這時候，是逆來順受束手就擒，還是挺身而出勇敢面對？何炳棣選擇的是後者。1940 年，何炳棣首次參加留美公費生考試，結果鎩羽而歸。他以最短的時間調整了心態，又投入緊張的複習當中，決心在下一次考試中脫穎而出。不久，有消息說，教育部調整了公費留學考試的科目，西洋史專業被取消。這對厲兵秣馬的何炳棣來說，無異於當頭一棒，因為，他報考的正是西洋史專業。倘若臨時改別的專業，那既非他的專長，且時間也不允許了。經歷

了最初的驚慌、沮喪之後，何炳棣迅速冷靜下來，他想，教育部取消西洋史專業，應該要經過行政院例會通過，那麼自己何不給行政院寫信，請他們在取消專業時一定要慎重呢？於是，他寫信給時任行政院政務處處長蔣廷黻先生，表明了自己的看法，也就是取消任何專業，要深思熟慮，不能草率盲目。結果，他的努力奏效了。西洋史專業最終未被取消。何炳棣獲悉後，慶幸之餘，忍不住對妻子說：「如果這次我考取，十九應歸功於『盡人事、聽天命』的華夏古訓。」

在臨近考試時，何炳棣又從一位學長那裡聽到一個讓他心煩的事。原來，這位學長成績很好，但在以前的一次留學考試中卻名落孫山。他告訴何炳棣，他落選的原因是中國通史的題目太偏。那年考中國通史，有一道大題目是解釋名詞：白直，白籍、白賊。對於中國通史這門基礎課來說，這樣的題目委實太瑣細太偏了。聽了這件事，何炳棣沉吟良久，想，用這麼偏這麼怪的試題決定考生的命運，實在有點偏頗，於是他再次上書清華評議會，請求慎選中國通史命題人。他的這次提議再次被接受，命題委員會決定以明清史取代中國通史，這樣一來，由於範圍大大縮小，出偏題怪題的機率也就大大減少。何炳棣兩次上書都取得效果，說明他的建議非常合理。遇到突如其來的難題，聽天由命，無動於衷，既是消極的，也有損人的尊嚴；正確的選擇是，冷靜沉著，努力化解，這樣，即使結果不如所願，也可以問心無愧，坦然接受了。

古話說，否極泰來。其實，所謂的「泰」是不會從天而降的。何炳棣說：「『否極』之所以『泰來』，多半要靠人為的努力。」而「盡人事」，就是要充分運用人的力量和智慧，求得轉機的到來。當然，「盡人事」，也許不一定能更改事情的結果，但至少可以讓你擁有一個精彩的過程。

「有本事到外邊大的世界去做天王」

除了外祖母，父親對何炳棣也產生過重要影響。小時候，何炳棣既聰明又用功，常常受到師長的誇獎，何炳棣也難免飄飄然。不過，父親的一句話卻讓他再也不敢得意了。父親用犀利的語氣告誡他：「狗洞裡做天王算得了什麼，有本事到外邊大的世界去做天王，先叫人家看看你是老幾。」這句話對何炳棣產生了深遠的影響，每每在人生的關鍵時刻，他都會想起這句話。父親的當頭棒喝，讓他在人生的各個階段，都以一流的標準要求自己。

攻讀博士學位時，他首先弄清哪些史學專家代表世界最高水準，然後以他們的水準作為自己的努力標準，並盡快嘗試讓自己的研究成果刊登在世界頂尖學術期刊上。經過艱苦不懈的努力，他的願望實現了。何炳棣是在清華度過其大學生活的。當時，清華的師資是一流的，學生是一流的。有名師指點，有同窗砥礪，何炳棣的學業突飛猛進，更重要的是，在「清華精神」的浸潤下，何炳棣追求一流的信心和底氣倍增！那麼，何為「清華精神」呢？何炳棣認為，畢業於清華大學的應用數學大師林家翹對他所說的一句話最展現「清華精神」。一次，在朋友家中，林家翹偶遇何炳棣，他握著何氏的手說：「我們又有幾年沒見啦，要緊的是不管做哪一行，千萬不要作第二等的題目。」赴美攻讀博士學位時，哈佛名教授費正清也曾對何炳棣說過類似的話：「第一等大課題如果能做到八分成功，總比第二等課題做到九分成功要好。」

取法乎上，所得乎中；取法乎中，所得乎下。沒有大志向，哪來大氣魄大胸襟大手筆，哪能抵達大境界。何炳棣是在紐約的哥倫比亞大學攻讀博士學位的。世界名都紐約更是讓何炳棣見識了何謂一流。正如他

自己說的那樣:「半個多世紀後反思,紐約對我最深最大的影響是幫助培養我形成一種特殊的求知欲 —— 不是對任何事物都想知道,而是對自己有興趣的事物力求知道其中最高的標準。」然後全力以赴爭取達到這個標準。幼年,父親把追求一流的種子播進何炳棣的心裡;及長,清華大學為他追求一流提供了肥沃的土壤;後來,大都市紐約又給予他追求一流的廣闊空間。所有這些,終讓他取得卓越的學術成就,無愧一流學者的頭銜。

父親除了要求何炳棣做學問要追求第一流之外,還教會了他如何寫作。何炳棣高小時在家練習作文時,父親一再強調:「文章貴能割愛。」父親不厭其煩向他解釋「割愛」的重要性,漸漸地,何炳棣明白這個道理:「文章的主題本身是一個單元,主題之下,章節段落一般是為發揮主題意蘊的,也可能是有關主體的較小單元。儘管作者有天大學問,所論如不貼切主題而強行攪入,必會破壞文章的單元,反成全文之病。」

何炳棣承認:「父親這項教導對我日後重要的考試和寫作都大有裨益。」

好學深思,從中獲益

1943 年,身著戎裝的徐復觀初次去勉仁書院拜見熊十力,請教熊氏應該讀什麼書。熊氏叫他讀王夫之的《讀通鑑論》。徐說那書早年已經讀過了。熊十力不高興地說,你並沒有讀懂,應該再讀。過了些時候,徐復觀再去看熊十力,說《讀通鑑論》已經讀完了。熊問,有什麼心得?徐便接二連三地說出他的許多不同意的地方。熊十力未聽完便怒聲斥罵道:「你這個東西,怎麼會讀得進書!任何書的內容,都是有好的地方,

也有壞的地方。你為什麼不先看出他的好的地方，卻專門去挑壞的；這樣讀書，就是讀了百部千部，你會受到書的什麼益處？讀書是要先看出它的好處，再批評它的壞處，這才像吃東西一樣，經過消化而攝取了營養。比如《讀通鑑論》，某一段該是多麼有意義；又如某一段，理解是如何深刻。你記得嗎？你懂得嗎？你這樣讀書，真太沒有出息！」

這一罵，罵得身為陸軍少將的徐復觀目瞪口呆，腦筋亂轉：「原來這位先生罵人罵得這樣凶！原來他讀書讀得這樣熟！原來讀書是要先讀出每一部的意義！」徐復觀感慨：「這對於我是起死回生的一罵。」他還強調：「恐怕對於一切聰明自負但並沒有走進學問之門的青年人、中年人、老年人，都是起死回生的一罵！」

何炳棣或許不知道這個典故，但他讀書卻能像熊十力要求的那樣「讀書是要先看出他的好處」。除了精讀本專業的各種經典外，他還認真讀過19世紀俄國幾位小說大家，對杜斯妥也夫斯基的小說興味最濃，他說，杜氏小說對他最大的作用是大大豐富他的人生的「間接」經驗，使常年生活在書齋的他，認知到宇宙之大，體會到人的性格與心靈何其豐富且複雜，「於是有效地增強我對『人』的了解與『容忍』」。

在西南聯大期間，何炳棣受潘光旦影響，讀了一些性心理學方面的書，他說，讀這方面書，作用略同於讀西方小說：「豐富了人生『間接』經驗，加深了解宇宙之大、品類之繁、無奇不有，因此感到『太陽之下，並無新事』。」他在回憶中分析道：「這種閱讀協助培養我對人生若干問題的『容忍』與『同情』；但另一方面也激化我對偽道學、『裝蒜者』（尤其是學術上的）的無法容忍與憎厭。」何炳棣反思，後一趨向對他做人與治學影響甚巨，因為他性格中的反抗欲是很強的。對引導自己閱讀性心理學的潘光旦先生，何炳棣心存感激，說：「在聯大『閒散』歲月裡，很

幸運能有像潘先生那樣『雍容寬厚、中正謙和、樂天知命』的『儒者』做我偶或的『顧問』（毋寧說是『同情靜聽讀書報告者』，幫助我保持情感理性間的均衡）。」

潘光旦一番關於學英文的話，何炳棣十分佩服，且終生難忘。一次聊天中，潘光旦告訴何炳棣，無論學哪種專業，想知道自己英文是否「夠用」，必須要問自己兩個問題：「（1）寫作的時候是否能直接用英文想？（2）寫作時是否能有『三分隨便』？」「隨便」，就是帶有幾分「遊刃有餘」的意思。

何炳棣讚嘆：「我覺得潘先生論英文才是真正的『行家』話。師友中指出英文寫作時必須用英文想的尚不乏人，可是只有潘先生向我提出『三分隨便』能力的重要。」何炳棣說：「在海外半個多世紀的學院生活中，我無時無刻敢忘潘先生的話，至少經常以他所提的第一標準用來檢討自己和窺測海外華人的英文寫作。」

讀書如此，閱人何嘗不如此？

何炳棣就讀清華和聯大時，學業優良。他的一大長處是準確領會老師學問的高妙之處並從中獲益。他當時最尊敬最服膺的是雷海宗老師。他說：「回憶清華和聯大的歲月，我最受益於雷師的是他想法之『大』，了解傳統中國文化消極面之『深』（如『無兵的文化』及其衍生的種種不良徵象）。」何炳棣進一步分析道：「當時我對國史知識不足，但已能體會出雷師『深』的背後有血有淚，因為只有真正愛國的史家才不吝列陳傳統文化中的種種弱點，以試求解答何以會造成千年以上的『積弱』局面，何以堂堂華夏世界竟會屢度部分地或全部地被『蠻』族所征服，近代更受西方

及日本欺凌。」

何炳棣尊敬熱愛雷老師，不僅僅是一種禮貌，更是為雷老師的真知灼見所折服。

好學深思，不僅是說讀書要思考，也包括和人交往時，對別人的言行也要思考，並從中獲益。

何炳棣預備赴美留學前偶遇錢端升先生。錢先生特意把他喊到辦公室交談一番。錢先生說：「你們這一輩學問基礎在國內就已打得比我們（在國內時）結實，而且你們出國的時候就比我們那時要成熟得多。所以你們出國深造前途不可限量。要緊的是，不要三心二意，一邊教書，一邊又想做官。你看蔣廷黻多可惜，他如果不去行政院，留在清華教書，他在外交史方面會有大成就。我希望你能專心致志地做學問，將來的成就肯定會超過我們這一輩的。」

錢先生身為長輩的這一番臨別贈言讓何炳棣十分感動，並由此引發一番關於做人方面的思考：

「最難得的是這樣一位自視甚高，受人尊敬的前輩學者，不但對後輩罣勉有加，而且勇於追認自己一輩早期學習的不夠成熟，進而坦誠寬厚地預測後輩必有青出於藍者。事後我越回味錢先生的話，越感到他治學為人之可敬；因為只有真正具有安全感的人才勇於講出自己之不足，才有胸襟容納、欣賞成就業已或行將超過自己的人。」

胡適的一番話也令何炳棣終生難忘。

1960年8月一天傍晚，胡適很嚴肅地對何炳棣說：「炳棣，我多年來也有對你不起的地方。你記得你曾對我說過好幾次，傅孟真辦史語所，不但承繼了清代樸學的傳統，並且把歐洲的語言、哲學、心理，甚

至比較宗教等工具都向所裡輸入了；但是他卻未曾注意到西洋史學觀點、選題、綜合、方法和社會科學工具的重要。你每次說，我每次把你搪塞住，總是說這事談何容易⋯⋯今天我非要向你講實話不可：你必須了解，我在康乃爾頭兩年是念農科的，後兩年才改文科，在哥大研究院念哲學也不過只有兩年；我根本就不懂多少西洋史和社會科學，我自己都做不到的事，怎能要求史語所做到？」

何炳棣聽了這番話，對胡適更加敬佩了：「使我深深感覺到胡先生這人物要比我平素所想像的還要『大』；唯有具有十足安全感的人才會講出如此坦誠的話。」

何炳棣非常善於攝取對方的優點來為自己進補！

北大祕書長鄭天挺先生特別善於處世。一次北大校長蔣夢麟夫人與鄰居周炳琳起衝突，雙方個性都很強，誰也不服誰，衝突激烈到雙方都要求鄭天挺在兩家之間築一高牆，互相隔絕，永不來往。鄭多次勸解，無效；最後同意築牆，但只築了一半，任憑雙方如何施壓，鄭天挺說什麼也不肯把牆砌高。結果，不到半個月，雙方都羞愧難當，要求鄭祕書長把這道矮牆拆了。鄭天挺的做事策略贏得何炳棣的激賞，他說：「只有毅生先生才具有儒、道兩家智慧的結晶！」對這件事，鄭天挺既做到了「有所為」，也做到了「有所不為」，正所謂儒道互補！「有所為」，就是築牆築了一半，因為不如此，雙方就會不依不饒；「有所不為」，就是只築一半，倘若真築一道高牆，雙方也就結下了仇，再想化解，難！而恰恰是只築了一半的牆，卻收到了效果，因為這畸形的矮牆正好「象徵」了兩家關係的畸形，正好強烈地暗示雙方，築牆行為是多麼醜陋多麼荒唐！於是，很快，雙方都感到羞愧，一致要求拆掉矮牆。鄭先生是靠一種「儒道互補」的智慧化解了兩家的矛盾，解決了一個棘手的難題的。受此啟發，何炳棣在後來

書生意氣

的生活中,也充分運用這樣的智慧,拿捏住「有所為」和「有所不為」的分寸。

何炳棣認為,他的同級同學丁則良是那一屆最傑出的學生。他曾對何炳棣說,我們不要學林語堂,做學問專以美國人為對象;我們該學胡適之,做學問要以自己中國人為對象。這句告誡,何炳棣終生難忘,並付諸實踐。

楊聯陞是何炳棣的學長,他誇何炳棣的論文「堅實明快,文精悍如其人」,但他也提醒何炳棣對西方某學人誤釋明代人口數字的批評,不可太厲害。楊聯陞說,老虎也有打盹時,一旦自己的小辮子被別人抓住,也很難受的。這句忠告,何炳棣畢生謹記。

何炳棣曾在胡適的寓所做客六天,六天的朝夕相處,何炳棣獲益良多。一天早上,有位來客遞名片求見,胡適看名片時流露出對此人的不滿,但略一思索,他還是決定見客。當客人進客廳時,胡適朗聲說道:「這好幾個月都沒聽到你的動靜,你是不是又在玩什麼新把戲?」說完,兩人同時笑起來。這件事對何炳棣很有觸動,他後來回憶說:「可以想見,這才是胡先生不可及之處之一:對人懷疑要留餘步;盡量不給人看一張生氣的臉。」見識了這樣的涵養和氣度,何炳棣當然會意識到自身之不足,從而在以後的生活中盡力修煉自己、完善自己。

何炳棣和哈佛有過幾次不快的交往,談到哈佛,他會不自覺地話中帶刺。一次,在和友人談到哈佛最近五年聘請的經濟學人才不及芝大和哥大,何炳棣說:「這大概是由於哈佛習慣上的自滿和近親繁殖的傳統。」旁邊的舒茲先生(George Pratt Shultz,後出任美國國務卿)插話道:「哈佛確有自大自滿的積習,也確有某期間某方面人選並非第一流,但是,

哈佛遲遲發現了某些錯誤之後，往往會下最大的決心，不惜工本盡力延聘相關方面真正傑出的學人恢復優勢。」何炳棣聽了這番話，大為震動，說：「如此深刻、客觀、平衡、睿智的評論使我終身不忘。」

由此，何炳棣懂得，有一顆包容的心才會有平和的態度，對他人的短處喋喋不休反而暴露了自身的狹隘和苛刻。和人交往時，總能發現別人的長處，總能吸收別人的優點，這樣，就能薈萃他人之精華，熔鑄完美之自我。何炳棣正是這樣的智者。

前輩引導後輩

蕭公權在康乃爾大學讀書時的受業老師是狄理教授。狄理教授教學時注重啟發，不偏向灌輸，他鼓勵學生自尋途徑，自闢境地。蕭公權認為，這種「教授法」不僅適宜指導哲學系的研究生，也適用於其他任何學生。

章實齋曾說：「人生稟氣不齊，固有不能自知適當其可之準者，則先知先覺之人從而指示之，所謂教也。教人自知適當其可之準，非教之捨己而從我也。」蕭公權認為，大學教育的功用不只是教師把已得的知識傳授給學生，「而是前輩指引後輩，使能各就其適可之準，向著學問之途，分程邁進。」

何炳棣在芝加哥大學任教時也是按上述方法指導學生的。

當時李政道長子李中清慕何炳棣大名想去芝大讀大學。何炳棣思考一番勸阻了他。何炳棣打電話給李政道，說知道李中清學習用功，成績超群，自己願意做他的研究生導師。但他建議李中清不要來芝大讀大學，因為這裡偏僻、安靜，年輕人在這裡待四年太寂寞了，會影響學習

的熱情，耶魯那裡相對熱鬧一些，年輕人在那裡讀四年大學更合適。李政道接受了何炳棣的建議。

李政道父子曾突然造訪芝大，其目的就是想聽一下何炳棣的課，以決定是否來這裡讀研究所。因為李氏父子的到來，何炳棣改變了原來的授課計畫，在沒有任何準備和資料的情況，著重談了中國古代的年代問題，中心問題是關於武王伐紂的年代考訂。何炳棣在課堂上指出，董作賓考訂的年代不確，因為他用的資料不具權威性，同時指出董氏把東周的洛陽與西周的豐鎬兩京弄混了。這堂課聽完，李中清對何炳棣說：「何先生，你講的比耶魯深多啦！」後來，儘管耶魯提供豐厚的獎學金給李中清，但他還是選擇赴芝大，跟隨何炳棣讀博士學位。

還有一位叫馬泰來的學生攻讀圖書館學博士，請何炳棣做導師。這位學生提出想研究明代書院與東林運動。何炳棣建議他第一步查閱明、清、民國各省府州縣的地方志，梳理其中關於明代書院的資料，按年代和地方製成縱橫兩表，從中必然得出有價值的結論。馬泰來按這種方法去做，只花兩個月，就做出了書院縱橫統計表，再根據其他資料，取得了令人讚嘆的成果。

一位名叫馬克的學生向何炳棣表示想專攻中國中古史，何炳棣勸他放棄。他告訴這位學生，研究中國中古史必須懂梵文。這位學生說，那就先學梵文。在何炳棣的幫助下，這位學生得以赴北京、臺北等地學習梵文，終在中古史研究領域獲一席之地。他在後來給何炳棣的一封信中，詳細回顧了何炳棣對他的指點與幫助。他說在大學最後一年選修了他的明清史課程，獲益甚多。他說，那時候，無論在教學或研究方面，何炳棣已然成為他心目中的偶像。馬克還感謝何炳棣介紹他去柏克萊學習語言學，赴香港師從嚴耕望學習漢朝的碑文。所有這些都為他後來的

學術研究奠定了堅實的基礎。在信的末尾,馬克寫了一段飽蘸感情的話:

「我在劍橋期間,出版了兩本書並完成了第三本的著述。在這段期間,我倆仍保持聯繫,我對您有關早期中國的論文非常感興趣。雖然您對明清的社會史和人口史的研究早成經典,您早已是在國際上享有應得崇高聲譽的學者,但您對新知識的追求,即使在您事業的後期仍一如以往般狂熱,就算在退休後也十分積極及著述良多。這足以成為後之學者一個絕佳的典範。我真的希望將來我可以像您一樣。」

能得到學生這樣的評價,足以證明何炳棣的教學生涯圓滿而成功。

書生意氣

童書業：一個歷史學家的愛與痴

顧頡剛的私淑弟子

童書業1908年出生於浙江寧波。祖父中過進士，點過翰林，對身為長孫的童書業非常疼愛，讀書方面要求也很嚴。當時很多地方推行新學，孩子們大多進入學堂接受新式教育。祖父身為老派讀書人，恪守傳統習慣，延請先生，讓童書業接受私塾教育。十四歲之前，童書業跟隨私塾老師讀完了《詩經》、《左傳》、《書經》、《易經》、《孝經》等國學經典，打下了堅實的國學基礎。迫於形勢，童書業也曾就讀於新式小學環球小學，並在聖舫濟英文專修學校短暫進修，均斷斷續續，沒有系統。1936年，為取得一張像樣的文憑，二十八歲的童書業入京華美術學院就讀，最終拿到一張肄業證書。這是童書業唯一一張學歷證明。

十八歲之前，童書業一直過著無憂無慮、悠遊自在的讀書練字習畫的風雅生活。父親是個精明的商人，生意場上運籌帷幄，左右逢源，家產日漸豐厚。身為富二代，童書業完全可以傾心書畫，不謀衣食的。但身為商人的父親，不重文化重金錢。童書業剛滿十八歲，父親就逼他在自家創辦的會計事務所做練習生。童書業志不在此，只能一邊做著會計事務所枯燥煩瑣的工作，一邊讀自己熱愛的古代經典，還擠出時間習畫。後經人介紹，童書業又赴南京財政部做了一個小職員，不久遭人排擠失業。之後幾年，童書業輾轉換了好幾個工作，最終在浙江圖書館謀得一份校對工作。就在這段時間，他開始撰寫學術文章，這些文章陸續發表在當時頗有名氣的《浙江圖書館館刊》上。其中一篇和顧頡剛商榷的文章引起了顧的注意。兩人由此相識，並開始了一段被傳為佳話的師生緣。

顧頡剛請童書業赴京做他的私人助理。顧自掏腰包五十元作為童書業的月薪。當時五元可買一擔米，五十元的薪水足夠童書業養家了。童書業的工作主要是幫顧頡剛蒐集資料，兩人合寫論文，一般提綱、觀點兩人商討，執筆則是童書業，發表時一般署老師的名。這裡要說明一下，顧頡剛是透過這種方式來培養弟子童書業，而絕不是像現在某些博士生導師是為竊取研究生的成果，一旦他覺得弟子羽翼已成，就令弟子寫文章出書均署其本人的名字。顧頡剛在北大、燕大講授《春秋史》時，用的講義就是童書業代寫的。後來這部講義有機會出版，顧頡剛就要求童「用你一人名義出版罷」。

顧頡剛覺得，一個圖書館的校對員有如此扎實深厚的國學根底，且能心無旁騖埋頭鑽研，實在難得。當老師，得英才而教之自有一種擋不住的誘惑。身為私淑弟子，童書業不僅在學問上承襲了老師的衣缽，老師的做人風範自然也一併繼承。

雖然經歷了風風雨雨，顧頡剛、童書業這對師徒能一直以禮相待，未生絲毫嫌隙，完全因為兩人是師徒，更是學問上的知音。當名重一時的學術大家顧頡剛接到一位校對員的論學書札，他未因對方地位卑微而不屑一顧、置之不理，而是為對方的功底深厚與求學精神所打動，在回鄉奔母喪煩亂而悲哀的那段時間，抽空去看望這個一心鑽研學問、全無半點世故的年輕人。他的青睞與鼓勵對身處困境的童書業堪稱雪中送炭。他的愛才如渴、禮賢下士童書業一輩子也忘不了。1949年後，顧頡剛夫婦曾赴青島療養，童書業當時任職於青島的山東大學，那段時間，他每天陪老師聽戲，吃館子——這位生活自理能力極差的人，侍候老師卻是無微不至，體貼而周到。

顧頡剛對這位愛徒也是知根知底，他知道這是個愛學問愛較真的書

書生意氣

呆子,敬重老師但絕不會討好老師,事關學問,這個弟子絕不會馬虎敷衍。

童書業對老師敬重歸敬重,但老師的不足他也毫不客氣地當面指出。一次,師徒兩人聊天,童書業說:「現在人所作歷史研究文字,大都經不起復案,一復便不是這回事。其經得起復案者只五人:先生、呂誠之、陳寅恪、楊寬、張政烺也。但呂先生有時只憑記憶,因以致誤。陳先生集材,大抵只憑主要部分而忽其餘,如正史中,只從〈志〉中蒐集制度資料,而忘記〈列傳〉中尚有許多零星資料。」說到這裡,童書業看了一下老師,補充道:「先生您也是這樣,不能將細微資料蒐羅淨盡,因此有些結論不夠正確。」弟子的直言並未讓顧頡剛感受到不快,反而「聞之心折」。弟子直言無礙,老師聞過心喜。這樣的師徒關係在當下恐絕無僅有了。

因為器重信賴童書業,顧頡剛委以重任,讓他主編《古史辨》第七冊。童書業出色地完成了任務,贏得老師的讚賞:「這一冊的文章討論得最細,內容也最充實,是十餘年來對古史傳說批判的一個大結集。」童書業也因為主編這一冊,成為後期「古史辨派」的代表人物。

博聞強識的背後

沒進過新式學校,沒有像樣的文憑,完全憑自學成為史學界耀眼的明星,努力固然必要,而沒有天分恐怕也不行。童書業本人也毫不謙虛地說自己「有相當的天分」。事實確是如此。

和錢鍾書一樣,童書業也有過目不忘的超強記憶力。多年的私塾苦讀,很多古代經典都印在他腦海中。在北京作為顧頡剛助手參與禹貢學

會時，一次在官員張國淦家晚宴上，張國淦偶然問起《尚書》中的幾個字，童書業如數家珍，指出這幾個字在書中出現了多少次，且各是在哪段哪篇中出現的。在座的均是學界名流，一個個聽得目瞪口呆。他們算是領教了童書業的神奇。

在山東大學任教期間，有教師不太相信童書業能背誦整本的「十三經」，童書業讓他當場翻開「十三經」中任一本任一段，只要他說一句，童書業就滔滔不絕背下去。童書業指導的學生向他請教問題，他大致上不須翻書，完全憑記憶來回答，有學生查《辭海》，只要翻開部首索引，找到那一部，童書業能脫口而出要查的字在哪一頁。童書業喜歡開夜車寫論文，引文註釋完全憑記憶，第二天核對，基本無誤。

山東大學曾流傳過這樣的歌謠：「腰痠背斜肌膚瘦，長夜攻讀至白晝。問君何苦自折磨，矢志十年趕上童教授。」可見，童書業在山大的名氣有多響。

記憶力這麼好當然是天分，但與他讀書專注也有很大關係。從孩童起，童書業幾乎不問世事，死讀書是讀。因為專心唸書，童書業人情世故完全不通，生活自理能力極差。二十歲時洗澡還需別人幫助。在南京財政部工作時，每天都由傭人幫忙叫人力車，並支付車資，他則只顧坐車去辦公室。偶爾一個人坐人力車回來，家人一個個由衷讚嘆：「真能幹，能自己叫車了。」洗腳、刷牙、鋪被子這些生活瑣事一概不會。在講臺上授課，裡面衣服長外面衣服短也全然不知。在家中看書，對面爐子燒著水，但水開了他卻視而不見，因為整個人完全陷入書中。晚上出門經常找不到家，只好跑學生宿舍求助，說：「我叫童書業，歷史系教授，迷路了找不到家，請送我回家。」在圖書館看書經常被鎖在裡面，因為沉浸在書中，哪裡記得下班的時間。

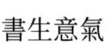

看書時眼中只有書，不看書時腦子想的還是書，做旁的事就魂不守舍、笑話百出了。一次，童書業去學校開會，恰逢發薪資，財務科就把當月薪資給了他。他出門遇見一家商店，進去買包菸，順手把剛發的薪資全給了人家。店員喊他回來還他錢，他竟懵懵懂懂，一頭霧水，反問：「怎麼，錢還不夠？」

因為專注於書本，童書業鬧出的糗事可謂一樁又一樁。但話說回來，若深諳世故、熟悉人情，且在日常起居方面花費大量精力與時間，又哪有時間讀書呢？思想不集中於案頭書，又怎能把書讀熟讀懂？有得必有失。生活自理能力差正是他有超常記憶力的代價。

童書業對弟子說的一番話告訴我們，他的創見與其讀書勤讀書細密切關聯：

「關於春秋末年吳越國都的所在，一般人都沿用傳統的說法，以建都時的地望當之，認為吳都蘇州，越都紹興，一南一北縱向相對。我在整理春秋史料時，聯想起《吳語》裡伍子胥因遭吳王夫差猜忌而自殺前說的話：『以懸吾目於東門，以見越之入、吳國之亡也。』又想起《史記》裡的話：『臣請東見越王』，『懸目』與『東見』所示的方向都是由西指東，與吳越南北相對的說法恰好相反，這裡肯定有問題。東漢時《吳越春秋》的作者大概發現了這個問題，所以把『東門』改為『南門』了。殊不知問題不出在《吳語》，我考證的結果，認為春秋末年吳曾徙都江北揚州一帶，越在太湖流域，正是東西之國，《吳語》、《史記》沒有錯。」

寬厚的長者

身為家長和老師，童書業對子女、弟子的要求雖然不能說不嚴，但他從不要家長威風，從不擺老師架子。他的孩子和學生都能感受到他寬

厚的長者之風。

童書業常年在外工作，只有過年時才能回家和家人團聚。按當地風俗，過年時，晚輩須向長輩叩頭，但童書業卻免了孩子的叩頭之禮。一個女兒因不願考文科就稱病在家休養三年，童書業也不強迫她去讀自己不喜歡的專業，而是尊重她的選擇。後來這個女兒因患有輕微肺結核只允許考文科，童書業則從百忙中擠出時間輔導她。

在弟子黃冕堂眼中，童書業寬容溫厚，具有「相容並包的美德」：

「童先生是胡適派核心人物之一顧頡剛的門徒，當然屬經派成員。但童先生對海派學術也不是一概排斥。經派與海派的主要分歧之一是：在治學道路上如何讀書？讀哪些書？記得我畢業留校任助教之初，教研室的老先生曾專門開會討論如何對我進行培養的問題。童先生考慮我在開頭的幾年最緊迫的任務是準備開課，晉升講師，主要還不在研究方面。所以，他主張我多讀近人論著和《通鑑紀事本末》等兩類文獻，避免走彎路。而其他的老先生則幾無例外地都強調要直接閱讀正史或《資治通鑑》等最原始和最可徵信的文獻。」

黃冕堂補充說：「實際上，童先生也不是不主張閱讀最原始的文獻，他僅只認為後一種閱讀可暫緩一些時間，其讀書法實際上包容了海派學術的積極成分。因此，童先生的學術思想是寬宏的，確乎存在著一種不主先入和相容並包的美德。」

身為教師，童書業毫無保留地把自己的讀書經驗與體會傳授給弟子。他曾告誡弟子徐連城，讀書貴精，在精讀的基礎上再求廣博。他強調對於經典作品：「不是讀一遍，而是重讀好幾遍，甚至十幾遍，所讀之書往往能背誦。」如此，才能吸收精華，融會貫通，「讀到別人所讀不到，知別人所不能知，得別人所不能得，事半功倍」。

書生意氣

　　童書業上課時喜歡現身說法，注意培養學生的學術興趣。有段時間，童書業和唐蘭就鐘鼎文展開討論。上課時，他會把自己的文章和唐蘭文章的主要觀點介紹給學生，雙方的分歧和辯論過程也一併介紹。學生們便不知不覺步入學術氛圍，對學術論爭的起因、過程、特點與意義也有了感性認知。

　　童書業是自學成才，他的一些讀書方法完全是自己摸索出來的。一次，一位學生問：「我想提升閱讀古代史料的能力，應該看些什麼書好呢？」童書業答：「先看看《聊齋志異》吧。」學生雖不以為然，但既是老師的吩咐也就硬著頭皮去做了，結果，看了兩遍《聊齋志異》，不僅提升了閱讀古文的水準，小說結尾的「異史氏曰」也提升了他評判歷史的能力。

強迫症患者

　　童書業的強迫症係內因與外因合力而成。內因當然是童書業天性敏感，膽小怕事；外因則是時代的動盪不安與世事的風雲突變。1949年之前，童書業一直沒有穩定的工作，居無定所，四處漂泊，所以特別怕失業。一旦他感覺到有某種因素危及其飯碗，在別人看來是杞人憂天，在他卻足以誘發宿疾。1949年之前，他為何流離失所、朝不保夕？當然是因為戰爭。所以，他特別怕戰爭。1954年，童書業從報上得知邱吉爾再度出任英國首相，就害怕第三次世界大戰隨時爆發，於是跑到校長華崗的家，對校長說：「我有個問題，你不必分析，給我一個結論。邱吉爾上臺了會不會爆發第三次世界大戰？」華崗說：「不會！」校長的回答讓童書業吃了顆定心丸。「藥」到病除，童書業的強迫症霍然而癒。

　　因無意間被別人盜取過自己的學術觀點，童書業老擔心自己的學術

成果被盜，寫畢文章後總是一層一層包好，交給一個自己信賴的人才放心。就連老師顧頡剛對此也十分不解，在日記裡寫道：「丕繩神經有病，常疑心其稿子將被人盜竊，雖理智知其不然，而此念糾纏彌甚。」

童書業祖父與父親都是患癌症死亡的。童書業便特別怕癌。每次喝水，都怕杯底有致癌物，每天都密切關注自己的小便顏色，稍有異樣就心驚膽顫。

身為世家弟子，童書業也深知自己的弱點，不會應酬，不諳世事，手不能提，肩不能挑，而且，膽小怕死，經不住考驗。童書業發病時，一方面意識到自己病了，一方面卻無法控制自己胡思亂想。這時候他就運用意志力來控制自己的大腦，感到難以自制時會祈禱一樣喃喃自語：「上帝在上，不許再想，少想、少掛念，順利。如再想，不利。」

為治癒自己的強迫症，童書業看過醫生，自學過精神病學。在頭腦清醒時，他曾寫信給為自己看過病的醫生，客觀冷靜地分析自己的病情。憑藉驚人的毅力，童書業刻苦鑽研精神病學，完成了《精神病與心理衛生》一書，成為這方面的專家。了解了「強迫症」的來龍去脈，運用意志和藥物雙管齊下，童書業最後還是戰勝了病魔，其實也是戰勝了自我。後來他對女兒說，完全可以用意志戰勝病魔。女兒1963年患神經衰弱，童書業對她講巴夫洛夫的神經系統興奮、抑制原理，並鼓勵女兒，神經衰弱不可怕，可以用意志來克服，當然要輔之以一定的藥物。女兒按父親的話去做，服用了父親開的藥，頑固的神經衰弱居然痊癒了。女兒後來說：「父親的教導使我終身受益無窮，它不僅緩和了我的神經衰弱，更使我樹立了一個信念：人的意志的能量遠比自我意識到的要強烈得多，只要有堅強的意志和自信，就可以走出一些看似無法踰越的困境。」

童書業寫過一篇〈樅陽先生傳〉：

先生不知何許人也，亦不詳其姓字，嘗寓樅陽，因以為號焉。先生性孤僻，好獨坐著書，然健於談，談輒盡晝夜。先生治甲乙兩部之書，疑古成癖，亦能適世情，時有新見。於春秋左氏傳，有杜預之好。著書立說。能畫，並能著論。先生教授城鄉間，多啟發。不治家事，悉以委內助。好詩文，唯為之甚少，時有靈秀句，為同儕所稱。先生出世族，弱冠後困累殊甚，有文名，多撰述，年周花甲，乃思退休，其後不知所終云。

當時的童書業身染結核病就在寫這篇〈樅陽先生傳〉後不久，病情加重，在被抬往醫院的途中溘然長逝。

一位史學大家走完了他坎坷而曲折，充滿艱辛卻也碩果纍纍的一生，齎志而沒。

張蔭麟：自云「素痴」，誰解其味

張蔭麟是民國史上罕見的史學天才，他的未竟之作《中國史綱》，文筆優美，論述流暢，特色鮮明，不僅是歷史系學生案頭必備之書，也是史學愛好者口口相傳的暢銷讀物。

張蔭麟三十七歲就因病去世。在民國天空中，他像一顆流星，那麼短暫，那麼耀眼。直到現在，我們依舊能感受到那束炫目的光。

1923年，十七歲的張蔭麟考入清華學堂，當年，他就在《學衡》發表〈老子生後孔子百餘年之說質疑〉，毫不留情也毫無畏懼地和史學大師梁啟超唱對臺戲。接下來幾年，他發表了數篇重要論文，嚴謹扎實，見識不凡。1929年，張蔭麟從清華畢業，此時，他在歷史學領域已聲名鵲起。張蔭麟並未滿足於取得的成績，而是選擇赴美深造。

在美國史丹佛大學按計畫讀完四年後，張蔭麟回國任教於母校清華。「教授中的教授」陳寅恪極為欣賞、器重這個年輕博學的史學新星，譽之為：「庚子賠款之成績，即在此人之身也。」

說張蔭麟是史學天才，當不為過。但一個人，在某個領域是天才，在其他領域則會表現出驚人的愚笨與無知。張蔭麟也不例外。張蔭麟耽溺書海，鑽研學問，無暇也無力去通曉人情世故。對此，張蔭麟也是心知肚明，乾脆為自己取了個筆名曰「素痴」。因不諳世故，不嫻人情，被世人目為「素痴」，當然並非好事，但張蔭麟既然執著於求知，醉心於學問，那也只能「痴」心不改了。

書生意氣

學痴

自十七歲對梁啟超「糾錯」後，張蔭麟又多次撰文和一些史學大家商榷。

張蔭麟講過一個「笑話」：

柏拉圖一次派人到街上買麵包，那個人空手而回，說沒有「麵包」，只有方麵包、圓麵包、長麵包，沒有光是「麵包」的麵包。柏拉圖又說，你就買個長麵包吧。那個人還是空手而回，說沒有「長麵包」，只有黃的長麵包、白的長麵包，沒有光是「長麵包」的長麵包。柏拉圖再說，你就買一個白的長麵包吧。那個人還是空手而回，說沒有白的長麵包，只有冷的長白麵包、熱的長白麵包，沒有光是「白的長麵包」的白的長麵包。後來柏拉圖就餓死了。

馮友蘭後來授課、講演時講到「抽象」，總是會引用張蔭麟說的這個「笑話」。因為這個「笑話」亦諧亦莊，四兩撥千斤，深入淺出道地出「抽象」的重要性。

儘管馮友蘭很賞識張蔭麟，但張蔭麟對馮友蘭《新對話》所闡釋的「理」予以批評，還從邏輯概念的角度質疑馮友蘭的道德論。

顧頡剛因「疑古」而暴得大名，張蔭麟卻對顧頡剛的「疑古」提出質疑：

「吾人非謂古不可疑，就研究之歷程言，一切學問皆當以疑始，更何有於古；然若不廣求證據而擅下斷案，立一臆說，凡不與吾說合者則皆偽之，此與舊日策論家之好作翻案文章，其何以異？而今日之言疑古者大率類此。」

張蔭麟指出，顧氏「疑古」的結論，來自「默證」。而西方歷史學家早就說過，「默證」只適用於很小的範圍。經過細密的論證，張蔭麟認為，顧頡剛在其一系列的論著中過度運用了「默證」，得出的結論自然不可靠。既然顧頡剛「疑古」的結論十分可疑，他藉此獲得的名聲理應大打折扣。

20世紀初，郭沫若也是歷史學重鎮之一。張蔭麟尊重這位歷史大家，但也曾撰文指出郭沫若譯著、論著中的錯漏與缺陷。

張蔭麟在一篇文章中花很多篇幅將郭譯《浮士德》的錯譯、誤譯一一指出。對郭沫若《中國古代社會研究》的批評更是一針見血、釜底抽薪。張蔭麟指出，郭沫若這本《中國古代社會研究》所依據的理論是摩爾根（Lewis Henry Morgan）的《古代社會》，而《古代社會》已經成了人類學史上的老古董，其中的結論已被人類學者所摒棄。那麼，根據一個過時的理論而寫成的《中國古代社會研究》，其學術價值就十分有限了。

一個初出茅廬的年輕學者，一再撰文批評不止一位學術前輩，當然是不明智的。但張蔭麟這樣做，不是想透過「酷評」引人注目，而是因為學問上的「潔癖」，看到錯處，必欲指出而後快。在張蔭麟眼中，只有學術的硬規矩，哪管學界的「潛規則」。當然，這種反常規的做法，顯露了他身上的那股「痴氣」。這股「痴氣」蘊含的正是一種真誠與勇氣：追求真理，無所畏懼；鑽研學問，坦蕩無私。

張蔭麟認為，阻礙中華民族前途的一大障礙就是「三諱主義」：一、為尊者諱；二、為親者諱；三、為賢者諱。他指出：「三諱主義的含糊，就是三諱主義的力量。」在文章中，張蔭麟痛批「三諱主義」，生活中，也身體力行，將「三諱主義」這個障礙一腳踢開。他給「尊者」、「親者」、「賢者」指錯，表明了他試圖掙脫「三諱主義」的勇氣和決心。

書生意氣

書痴

張蔭麟沉迷學問，無暇交遊，再加性格內向，他的朋友少之又少。不過，一旦你有幸成為他的知交、密友，他和你的交往又那麼不拘形跡，忘形爾汝。

張蔭麟和吳晗是同事，兩人的研究室只隔一道牆。有時他讀書累了就找吳晗聊天。一屁股坐在椅子上，雙腳架在桌上，海闊天空，無所不談。吳晗倦了，逕自休息，張蔭麟則自作主張幫吳晗改文章，改畢，還幫他投稿。吳晗開玩笑說他好為人師。他則一本正經地說，假如你去年選我的課，我不就是你的老師嗎？

一次，張蔭麟和吳晗逛書攤，吳晗看見一本《中興小紀》，記清同治史事，版本罕見。張蔭麟不由分說一把搶了過去，吳晗也不願錯失寶貝，兩人爭了半天，張蔭麟提出用十種明清文人作品集交換。回去後，吳晗找張蔭麟要書，結果張蔭麟在書架挑了半天，怎麼也捨不得，只拿出兩本書應付吳晗。一開始，吳晗也惱怒張蔭麟的「自私」與「小器」，但後來還是原諒了這位密友。他想，張蔭麟就是一位「書痴」，「書痴」遇到書，就像登徒子遇見美色，兩眼放光，餓虎撲食，那是免不了的。

賀麟、張蔭麟、陳銓三人因共同編輯《清華週刊》而結下深厚友誼。賀麟本不善寫詩，但為紀念三人不同尋常的友誼卻勉力寫了一首詩：

四海尋畏友，所得唯兩人。一是東莞張，一是富順陳。

張腦有如金剛石，鑽研精透無比倫。

陳心好似大明鏡，萬事萬理無遁形。

張口默如磬，終日靜沉沉，不叩永不鳴。

陳言利似刃,斬金截鐵解糾紛,判析毫芒驚鬼神。

我思本混沌,資質亦魯頓,自得二君後,神志漸清明。

性懶喜淺嘗,不欲探幽深,切磋砥礪餘,勇氣覺倍增。好友相挾持,欲罷也不能。

張蔭麟看重他和賀麟的友情,但絕不因對方是朋友就放棄或改變自己的學術觀點,爭論起來,照樣是鋒芒畢露,寸步不讓。1926年夏天,賀麟正準備赴美深造,一天晚上,他和張蔭麟因某個問題意見不同爭論了很久,結果是各執己見,不歡而散。賀麟擔心此次爭論或許會影響兩人的交情,哪知隔了一日,張蔭麟一大早給他送來了一首詩:

人生散與聚,有若風前絮。三載共晨昧,此樂胡能再。

世途各奔邁,遠別何足悔。志合神相依,豈必聆馨欬。

折柳歌陽關,古人徒籲慨。而我猶隨俗,贈言不厭剴。

毋為姁姁態,堅毅恆其德。君質是沉潛,立身期剛克。

溫良益威重,可與履聖域。為學貴自闢,莫依門戶側。

審問思辨行,四者慮缺一。愧綴陳腐語,不足壯行色。

賀麟一直珍藏著這首詩,而這首詩也見證了兩人終生不渝的友誼。

在張蔭麟,唇槍舌劍割不斷友誼的紐帶,深情厚誼也化不了學術的分歧。讓友情歸友情,讓學術歸學術,如此涇渭分明,足證張蔭麟對學問的執著,對友人的真誠。而在常人看來,如此恪守原則,不善變通,恐怕也是一種「痴」吧。

張蔭麟有海外留學的背景,有出類拔萃的學識,如果他願意,他可以輕而易舉步入仕途的康莊大道。事實上,一位國民黨高官有意將他引

入政府的高層。但張蔭麟看不慣官場的爾虞我詐,堅定地回絕了這位高官的美意。學而優則仕,這是中國絕大多數讀書人夢寐以求的事,而張蔭麟告別高官厚爵時,顯得那麼風輕雲淡、自然而然。

遠離燈紅酒綠,固守青燈黃卷;無意飛黃騰達,甘作一介書生。在俗人眼中,張蔭麟的選擇當然是「痴」氣大發,然而,正是這種「痴」顯露了一個知識人應有的操守和良知。

張蔭麟堅守書齋,但並非「兩耳不聞窗外事」,而是熱切地關注現實關注社會:官場腐敗,他怒火填膺;社會混亂,他痛心疾首;黎民困苦,他憂心忡忡;民族未來,他牽腸掛肚。

張蔭麟認為,開明政治只要做到八個字即可:任賢使能,賞功罰罪。而這八個字,又可濃縮為一個「公」字。什麼是公?把政事本身當作一目的,而不把它當作達到任何個人目的的方法,便是公。

對於政治的癱瘓,張蔭麟「把脈」也相當精準:「什麼是政治的癱瘓?上層的意志無法貫徹於下層;法令每經一度下行,便打一次折扣,甚則『損之又損,以至於無』;一切政治上的興作和運動有形式而無精神,多耗費而少功效;巨蠹重弊。在上的人知之甚明而不能禁,禁之甚嚴而不能絕,這便是政治的癱瘓。」

言簡意賅,振聾發聵。

張蔭麟敏於觀察,勤於思考,像一個高明的醫生,總能透過紛繁複雜的表象,看到病根所在。

情痴

問世間情為何物，直教人生死相許？雖為天才，張蔭麟也不免為情所困，而且至死，恐怕也未能參透「情」之奧義。

一個偶然的機會，張蔭麟結識了當時還是位學生的倫慧珠。對這位美麗纖弱、多愁善感一如林黛玉的少女，張蔭麟一見鍾情。他火熱的表白和急切的傾訴證明他不僅是名副其實的「書痴」，也是當之無愧的「情痴」。然而落花有意，流水無情。倫女士回絕了他的一腔真情。懷揣一顆破碎的心，張蔭麟踏上遠赴美國的求學之旅。在異國苦讀的歲月，倫慧珠的倩影會不時在張蔭麟的腦海閃現。他忘不了自己的初戀，也不甘心這段感情就此結束，於是他再次以筆代舌，讓綿綿的情話飄洋過海抵達倫慧珠的案頭。精誠所至，金石為開。終於，他一封封書信，如同一縷縷春風，吹開了倫慧珠禁錮的心扉，也催紅了那枚名叫愛情的果實。四年留洋生活結束，當張蔭麟乘坐的郵輪抵達香港時，倫女士親自去接了他。

沐浴在愛河中的張蔭麟也有了幾乎脫胎換骨的變化。

一次，他和倫女士在北京遊玩，中午如約趕至友人家。一向病弱的倫女士累壞了，到了友人家後幾乎站立不穩。張蔭麟趕忙掏出隨身攜帶的藥物，讓倫女士服用。他照顧女友顯露出的細膩與嫻熟與昔日的粗心與笨拙形成鮮明對照。

他和倫女士很快走入婚姻的殿堂。倘若身處和平年代，這對郎才女貌本該過上安穩恬靜的幸福生活；然而戰亂卻使張蔭麟不得不拋妻別子遠赴雲南，任職於西南聯大，妻子則帶著孩子困守在老家東莞。

張蔭麟從未想過要背叛妻子，也從未滋生過婚外尋情的念頭，然

而，在他和妻子分居的日子裡，昆明的一位 Y 女士一直向他表示自己的傾慕。理智上，他能讓這位知己的表白穿耳而過；感情上，他卻不能將這個年輕的紅顏拒之門外。他和她有了一段隱祕的戀情。他後來向好友賀麟坦白了這段戀情，聲音顫抖，眼神迷離。他還特別告訴賀麟：「她早已訂婚了，她的未婚夫在北平，我勸她回北平與他結婚。」

對於他的這段戀情，賀麟這樣評價：「我知道他是一個富於感情的人，我也知道他們兩人間已有十年以上的友誼，他們之發生愛情是毫不足怪，異常自然的事。同時，凡是了解近代浪漫精神的人，都知道求愛與求真，殉情與殉道有同等的價值。我實在板不起面孔，用狹義的道德名詞世俗眼光來責備他警告他喚醒他迷戀女子的幻夢。」

也許為了彌補對妻子的愧疚，也許是想借助外力終止這段隱祕之戀，張蔭麟致信妻子讓她帶孩子來昆明團聚。妻子帶著孩子、母親和一位親戚來到昆明，一大家人十分熱鬧，張蔭麟卻失去了做學問必須的寧靜。婚姻總是瑣碎而庸常的。夫婦兩人因各種瑣事紛爭不斷。終於，在一次激烈口角之後，妻子一怒之下，帶著老人和孩子回老家去了；而那位 Y 女士也迷途知返，去北京尋找自己的歸宿。重新淪為孤家寡人的張蔭麟，心緒之惡劣可想而知。昆明成了他的傷心地。不久，張蔭麟也離開昆明去了貴州的遵義，任教於設在那裡的浙江大學。

張蔭麟對倫慧珠的愛是真誠而熱烈的。只是在步入婚姻的圍城後，他似乎還不願從浪漫的雲端回到務實的土地上。倫女士由戀愛中的「仙女」還原為婚姻中的「主婦」後，張蔭麟也毫不遮攔地顯露出大失所望。兩地分居，讓愛的風花雪月趁隙而入；不再完美的婚姻，則讓這段隱祕之戀得以蔓延。

身為史學天才，遨遊上下五千年，張蔭麟手揮目送，應付裕如；面對小家庭，卻手忙腳亂，顧此失彼。張蔭麟將紛繁的歷史梳理得井然有序，靠的是理性；而在處理婚戀時，他卻完全感情用事，於是，婚姻之舟便穿行在驚濤駭浪中，隨時有傾覆的可能。

到貴州後，張蔭麟閉門思過，意識到自己所犯的錯，也意識到婚姻家庭的可貴，他再次致信妻子，請她原諒自己，帶孩子來貴州團圓。妻子倫慧珠也捨不下對丈夫的愛，決定和丈夫和好。然而，老天卻沒給他們機會，不久，張蔭麟被腎病奪去了生命，年僅三十七歲。夫婦倆重歸於好重新開始的願望終是落空。張蔭麟去世後，倫慧珠致信賀麟，表達了她的悔恨與傷痛：

「……蔭麟的死耗，我在廿七日《大公報》看到，當時暈過去有十多分鐘。醒來後我希望這是一個夢。但可惜卻是一個永遠不能挽救的事實。它所給予我的悲哀與創痛，是在今生的任何事都不能填補的了。無論如何，在他的生前，我曾經愛過他，恨過他。愛曾一度消滅，但因他的一死，恨也隨之而逝。到現在我依然愛他。」

倫女士後來為張蔭麟守孝三年，足見她對張蔭麟的愛濃烈而綿長。

身為早慧的天才，張蔭麟對自己的學術使命早有謀劃。留美期間，張蔭麟在給友人的信中曾表達了他的志向：「國史為弟志業，年來治哲學治社會學，無非為此種工作之預備。從哲學冀得超放之博觀與方法之自覺。從社會學冀明人事之理法。」

張蔭麟從事學術工作，往往準備充分，目的明確。因痛感中國歷史教科書大多雷同而粗率，張蔭麟決定著手寫一部既具學術性也有可讀性，讓人耳目一新的歷史教材。作者動筆之前就明確了目標：「一、融合

前人研究的結果和作者玩索所得，以說故事的方式出之。」不參入考證，不引用或採用前人敘述的成文，即原始檔案的載錄亦力求節省；二、「選擇少數的節目為主題，給予每一所選的節目相當透澈的敘述。」這些節目以外的大事，只概略地涉及以為背景；三、「社會的變遷思想的貢獻和若干重大人物的性格，兼顧並詳。」

張蔭麟這部嘔心瀝血之作，就是廣受好評，暢銷至今的《中國史綱》。

研究歷史，光有才華是不夠的，還必須下苦功。張蔭麟讀書之多，寫作之勤，幾無人能比。戰爭年代，生活環境惡劣，但他卻以頑強的鬥志，昂揚的精神投入歷史研究中。他曾這樣激勵友人：「當此國家棟折榱崩之日，正學人鞠躬盡瘁之時。」

對於從事教學與研究的人，張蔭麟提出這樣的要求：「夫生命之發皇無在而非創造，然藝術哲學之創造，以至事功上之創造，非人人時時所能為力也。有一種創造焉，為人人時時所能者，即以自我創造自我，由一切庸德之實踐，以恢宏其人格，而宇宙亦於以日新而日富，所謂成己而成物者，其在斯乎？其在斯乎？」

是的，倘若教師與學者，不能「創造自我」，沒有「恢宏人格」，又如何去教書育人、著書立說？

張蔭麟身染重病後，仍舊苦讀不休，而且讀的還是艱澀深奧的學術著作。去世前不久，他還高聲朗誦莊子的〈秋水〉，那琅琅的讀書聲，顯露一股剛正之氣，蘊含一團生命之光。

吳宓對中國學界只服兩人，陳寅恪與錢鍾書。他說，只有這兩位是「人中之龍」，其他人不過爾爾。而在這兩位「人中之龍」眼中，張蔭麟才是真正的「龍」。

張蔭麟去世後，陳寅恪以兩首輓詩寄託自己的哀思：

其一

流輩論才未或先，著書何止牘三千。

共談學術驚河漢，與敘交情忘歲年。

自序汪中疑稍激，叢編勞格定能傳。

孤舟南海風濤夜，追憶當時倍惘然！

其二

大賈便便腹滿腴，可憐腰細是吾徒。

九儒列等真鄰丐，五斗支糧更殉軀。

世變早知原爾爾，國危安用較區區。

聞君絕筆猶關此，懷古傷今並一籲。

錢鍾書也破例做了一首長詩回顧兩人的交往，悼念這位史學英才：

清晨起讀報，失聲驚子死。

天翻大地覆，波雲正譎詭。

絕知無佳訊，未忍置不視。

赫然阿堵中，子占一角紙。

大事記餘墨，為子書名字。

厥生固未榮，死哀斯亦止。

猶蒙稽古力，匪然胡及此。

吳先齋頭飯，識子當時始。

南荒復再面，闊別遂萬里。

賦詩久憶刪，悲子亦不起。
夙昔矜氣隆，齊名心勿喜。
舜欽負詩字，未屑梅周比。
時人那得知，語借頗中理。
忽焉今聞耗，增我哀時涕。
氣類惜惺惺，量才抑末矣。
子學綜以博，出入玄與史。
生前言考證，斤斤務求是。
乍死名乃訛，蔭蔓訌魚豕。
翻成校讎資，待人辨疑似。
子道治子身，好還不少俟。
造化固好弄，非徒奪命爾。
吾徒甘殉學，籲嗟視此士。
龍場丞有言，吾與汝猶彼。

　　早在清華讀書時，人們就把張蔭麟、錢鍾書、吳晗、夏鼐並稱為「文學院四才子」。憑張蔭麟的天分和努力，假以時日，他取得的成就當不在陳寅恪、錢鍾書之下，但無情的病魔卻讓這位年輕的大家齎志而歿，誠可謂「才如江海命如絲」。

程千帆：臺上一分鐘，臺下十年功

1957年，著名文史學家程千帆被下放農場，放牛為生。跌入人生谷底，程千帆沒有消沉絕望，反而立下雄心壯志，要以一己之力撰寫數百萬字的中國通史。

程千帆當時的住處簡陋局促，牆壁上貼著一幅他手書的小詩：「一寸光陰一寸金，寸金難買寸光陰。移山豈改愚公志，伏櫪寧忘萬里心！」憑著砸不爛的「愚公志」，依仗擊不垮的「萬里心」，程千帆終走出冰天雪地的歲月，步入春暖花開的暮年。

那段時間，他白天放牛挖土，晚上挑燈夜讀，每天還堅持寫滿三千字。後來，程千帆坦言，他之所以沒有被命運擊倒，一靠不服輸的個性：既然別人要打倒我，我偏要發憤做出成績。二靠對中國傳統文化，特別是儒家文化的深厚感情：我要焚膏繼晷，為儒家文化延續香火。晚年，程千帆這樣回憶：「在沙洋農場，圖書室沒別的書，正好有一套中華書局校點的《晉隋八史》，我白天勞動和挨鬥，晚上就把這些書看了一遍。這包含了自私的個人信念，也包含了對中國文化的熱愛的信念，兩者很難區分。」

1978年，南京大學慧眼識珠，重新起用了「奉命退休」的程千帆，那時他已是六十五歲的老人。他以驚人的意志和頑強的精神，在人生的秋季，迎來事業的春天：培養了十九名研究生，其中包括中華人民共和國第一位博士莫礪鋒；出版了皇皇十五卷學術著作。

老驥伏櫪，志在千里，已屬不易；人生暮年，老樹開花，更加可貴。

書生意氣

「每堂課都要準備一兩個精彩例子」

程千帆對教師這個身分十分重視,他總強調,自己先是一個教師,然後才是一個學者。到南大以後,他為培養學生付出了大量心血,還特意定下兩個原則:一是少出去開會;二是把培養學生放在第一位,把自己的研究放在第二位。

弟子莫礪鋒的話驗證了這一點:「一般來說,一個學者在被耽誤二十年後,最著急的事當然是整理自己的學術成果,完成名山事業。然而程先生復出之後,卻把培養學生放在第一位,他常常引《莊子》的話說:『指窮於為薪,火傳也,不知其盡也。』在他看來,彌補『文革』所造成的損失,讓光輝燦爛的中華文化後繼有人,這是重中之重、急中之急。於是,程先生不顧年老體弱,親自為大學生上大課,後來又轉以培養研究生為主要的教學任務。」

正因為把培養學生放在第一位,程千帆特別重視上課。他的課,放得開收得攏,開合自如又絲絲入扣,嚴肅莊重也不失幽默詼諧。課堂上引用的詩文,他都能脫口而出,背誦如流。一個學生好奇地問他,您怎麼背了這麼多作品,而且背得這麼滾瓜爛熟?程千帆微微一笑,老實坦白:「我備了課。明天上什麼課,晚上都已設計好,所引用的作品也先背熟,到課堂上就應付裕如了。」學生這才明白,老師課堂「顯貴」,是因了課前「遭罪」啊。程千帆還告訴這位學生:「每堂課都要準備好一兩個精彩例子,聽的人才會印象深刻。」

程千帆的弟子們對老師準備的精彩例子都「印象深刻」,難以忘懷。

一次在校讎學課堂上,程千帆講了這樣一個故事:有人請了私塾先生,報酬不菲但有附加條件:教錯一個字扣半吊錢。學期結束,先生將

束脩交給師孃，師娘發現少了兩吊錢。先生就解釋說：「一吊給了李麻子，一吊給了王四嫂。」給李麻子師娘還能接受，給王四嫂師娘不忍了，就追問緣由。原來，這位先生教《論語》時將「季康子」說成了「李麻子」；教《孟子》時將「王曰叟」唸成「王四嫂」，所以，扣了兩吊錢。

程千帆就用這個有趣的例子說明了校讎的重要性。

一位博士生不敢早定學位論文的題目，怕定早了和別人「撞車」。程千帆就開導他：「撞車當然不好，但如果你估計大家水準差不多，那就不要緊，可以比一比。『君子無所爭，必也射乎。』你做你的，我做我的。你是破汽車怕撞，要是坦克還怕撞嗎？當然，如果別人已做出相當的成績，估計不可能超過，或不可能有大突破，那就罷了。莫礪鋒本來要作《朱熹研究》，後來聽說錢穆寫了一本《朱子學案》，就將題目改了，撞錢穆是撞不過的。」

一個巧妙的比喻就化解了弟子的困惑，亦莊亦諧，舉重若輕。

研究所畢業前準備論文時，程千帆會對他們說這樣一番話：「研究生的三年學習，要拿出自己最滿意的學位論文，好比是摘下你最滿意的果實，奉獻給老師、學校和國家。這首先要有目標，志存高遠，奮力摘取最滿意的果實，不是隨手撈一個來交差；二是要有眼光，善於發現樹上最好的果實（選題）；三是集聚實力，發揮你最大的潛力，使出你最大的勁，跳得最高，跳得最好，跳起來摘取最豐滿、最新鮮、最滿意的果實。」

研究生要寫出怎樣的論文，如何寫，是一個複雜而抽象的問題，程千帆卻用一個常見的比喻輕鬆道出，形象生動，一聽就懂，過耳難忘。

研究所畢業前最後一堂課，程千帆常會講這樣一個故事：

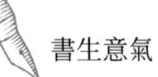

德山宣鑑禪師去拜訪龍潭信禪師，在龍潭住了一段時間。一天晚上，宣鑑禪師在信禪師身邊侍立良久。信禪師說：「時候不早了，你為什麼還不走呢？」宣鑑禪師剛出門又回頭說：「外面很黑。」信禪師點上蠟燭交給宣鑑禪師，對方剛伸手要接，信禪師又「噗」地將蠟燭吹滅。宣鑑禪師大悟，納頭便拜。

宣鑑禪師悟到了什麼？程千帆未說。但弟子們已聽懂了故事的寓意：畢業後，路要靠自己走了。

程千帆只講故事，並未對故事做一字說明，但弟子已然獲得重要啟示。可謂，不立文字，直指人心。

在和弟子私下交流時，程千帆也喜歡打比方。一次，談及文章的寫法，他對弟子張宏生說：「寫文章不要說廢話。語言多，並不等於豐富。我們不必要求數量上的多，而是要追求準確，一句是一句。古人的文學批評用詩話的形式，往往高度凝練，今天一般都不用了，但是否就要以多取勝？要惜墨如金，遣詞造句要準確。就比如打排球，砸到空檔裡，就打死了；如果砸到人家手裡，就會被接起來。不要二句當作三句說，明明一言可以解決，偏偏要作二言、三言。另外，要注意結構的層次，這牽涉到邏輯思維。打個比喻，就像是國宴招待外賓，要把元首讓在首位，主人在下首相陪。如果亂七八糟，把外交部長讓在首席，元首卻在一邊，那就不行了。社會活動如此，寫文章也是如此。哪些擺在前面，哪些擺在後面；是直接講出來，還是繞個彎子再講，都有講究。」

程千帆之所以用了一個打排球的例子，是因為張宏生酷愛排球，是南大校排球隊主力成員。這樣，程千帆信手拈來的一個比喻，張宏生自然心領神會。

1980年代，不少大學的研究生經常出外開會，程千帆的幾個弟子看了眼熱，也提出想出外開會。程千帆對他們的要求不置可否，卻講了個《世說新語》的故事：「謝安石隱居東山時，兄弟都做了官，他夫人對他說：『大丈夫不當如此乎？』謝安石捂著鼻子說：『但恐不免耳。』你們也是，他年恐不免耳。」弟子們聽了，哈哈大笑。笑聲中自然接受了老師含蓄而詼諧的批評。

程千帆上課，時間把握，不差分毫。每次步入課堂，即侃侃而談，幾個問題結束後，下課鈴適時響起。弟子們嘆為觀止，嘖嘖稱奇。其實，程千帆為了達到這樣「神奇」的效果，在背後不知下了多少功夫。「臺上一分鐘，臺下十年功」，這句話用在追求盡善盡美的程千帆身上，絕不為過。

「治學、做學問，就是要創新」

莫礪鋒是中華人民共和國第一位博士生，他就出自程千帆門下。當時教育部對如何指導博士沒有明確規定，程千帆只能「摸著石頭過河」。實踐出真知，在指導莫礪鋒的過程中，他漸漸明確了對博士生的要求，那就是「敬業，樂群，勤奮，謙虛」。

程千帆曾對弟子說：「做教師不能只是教書匠，教書匠是為了培養人，培養人首先要不斷提升自己，所以還要做學問。」另外，程千帆在南大的主要工作是指導研究生，教會學生做學問，是他的本職工作。

做學問的第一步是讀書，怎麼讀書，讀哪些書？這些方面，程千帆都有明確的指導。

對於剛入學的碩士生，第一學期，程千帆布置他們精讀《唐宋文舉

要》和《古詩箋》，作業是寫札記，做補註。為了讓學生重視讀書，程千帆要求每位學生至少背熟三百首古詩，否則不予畢業，他說：「我提一個要求，要多讀、多背，三年後不背熟三百首，就不能畢業。有些學生說詩詞格律不懂，就是因為作品讀得太少，就不會有兩隻知音的耳朵。漢時司馬相如說讀了一千篇賦，就學會了寫賦。三國時的董遇把他的讀書經驗概括成『讀書百遍，其義自見』八個字。」這番話如同暮鼓晨鐘，為每位弟子留下深刻印象。

程千帆還特別強調，「治學、做學問，就是要創新」。他認為，「要真正做到思想解放，也要靠自我擺脫經學的重壓，才有可能使學術前進」。

對每位弟子遇到的具體問題，程千帆則會具體診斷，開出「藥方」。弟子陳書錄的碩士論文是研究明代「前後七子」的。當時程千帆因病住院，但仍堅持在病榻上幫弟子的論文進行「學術診斷」，指出其中的缺陷：只注意研究明代「前後七子」的文學理論與文學批評，卻忽視了「前後七子」的文學創作。他向弟子指出：「這實際上是本世紀（20世紀）50年代以來，中國古代文學理論研究中一個突出的傾向或弱點，也可以說是一種『通病』，研究者往往將古代文學創作與理論批評強行割裂開來，只注重古代文學理論的研究，以理論闡釋理論，脫離了文學理論的基礎即血肉豐滿的中國古代文學創作的歷史，出現了『一條腿走路』的『通病』。」他安慰弟子說：「染上這種『通病』的不只是你陳書錄一個人。」

程千帆始終認為，古代文學研究要學會「兩條腿走路」，也就是既注重批評，也注重文獻；既要研究理論，也要研究創作。程千帆將之命名為「兩點論」。一次講座，他專門談了古代文學研究方法——「兩點論」。

講座開始，程千帆說了一個關於呂洞賓的故事。說的是呂洞賓在某

人家住了很久，臨走時他問主人想要什麼，主人沒回答，呂洞賓就把手一指，一塊石頭變成了金子，主人卻不要。呂洞賓又把一塊更大的石頭變成金子，主人還不要。呂洞賓問主人到底要什麼，主人開口了，說要點石成金的那根手指。說到這裡，程千帆對故事做了分析：「從一方面來看，主人貪婪，品德不好；另一方面，從做學問來看，又是很聰明的辦法，他不是要某個學問，而是要做學問的方法。」

程千帆以此故事說明了方法的重要性。而他給學生的方法，就是「兩點論」：形象與邏輯並重，創作與理論共抓。

為了說明創作的重要性，程千帆又舉例說明：「這裡有兩個姑娘：一個是專業學校畢業，分配在幼稚園帶小孩，她可以根據老師講的很好地照顧小孩；另外一個姑娘沒有經過專業訓練，但她結了婚，有了孩子，對孩子護理得可能比那個專科畢業的姑娘更為仔細，經過不懂到懂，非常有經驗，是個好媽媽、好老師。」說到這裡，程千帆言歸正傳：「我們研究文學，自己完全沒有創作經驗，就像那個沒有當過母親的老師一樣。」

至此，弟子們完全明白並相信，對於文學研究者而言，創作經驗彌足珍貴。

「退一步想，則心自安」

倘想了解程千帆的人生情懷、價值取向，他的一番夫子自道不可不知。在給朋友的信中，程先生說：「我始終是個儒家，也信馬克思主義，但儒家是本體。我相信人與人之間的關係是一切的根本，人活著就得做一點對人類有益處的事。就憑這一點，我在十八年的『右派』生活中活了

下來。老子主張守靜，莊子主張達觀，我不羨慕榮華富貴，也不想和別人計較（雖有時也不免）。我與陶藝結婚後生活很安靜，根本的一條是知足，我刻了一方圖章叫『殘年飽飯』。」

程先生是一位儒家，這一點應該毋庸置疑。身為一名飽受儒家文化薰陶的恂恂儒者，他的人格修養、治學態度、處世方法無不深深打上儒家文化的烙印。他對弟子們關於做人方面的指導，也往往符合儒家思想。

程千帆的「儒風」之所在，也展現在他對人際關係的敏感上。

在給弟子楊翊強的信中，他多次強調人際關係的重要性。如：「來信收到。能到荊師，最好。如果達成，希望做到下列三句話：多做事，少說話，不吵架。（極重要）（能容於物，物亦容矣！）」如：「業務上要爭氣，人事上要和氣。」這是正面的指點，也有反面的批評。如：「你對李先生提出比賽，完全是書呆子，不通世故，徒然增加不必要的壞印象。不策略之至！」

那麼，怎樣才能打好人際關係呢？程千帆認為，必須能忍，不爭，大度，謙虛謹慎，不計前嫌。在給弟子張宏生的信中，他說：「你在客中，飲食起居要自保重。近來一切很順，要接物待人謙沖自牧，不獨顯示個人，也代表師承也。」在給弟子蔣寅的信中，程先生說得更具體：「照目前看來，你的生活住宿存在著一定的困難，這要有一些書呆子氣才能扛得住。孔夫子說，士志於道，而恥惡衣惡食者，未足與議也……如果人事處採取的辦法不合你的意，千萬不要和他們爭執，切記切記。才到一個工作單位，要給人事部門留一個好的印象。」

楊翊強是程千帆的老門生，此人也曾被打成「右派」，經歷坎坷，為

人戇直，最不擅處理人際關係。對這位弟子，程千帆可謂不厭其煩，反覆開導，一再提醒他要大度，要向前看。如：「到了新地方，往事一筆勾，要絕口不發牢騷，顯得有氣度。」如：「一切過去了的，讓它過去吧。世界永遠屬於樂觀的現實主義者、實做家。」

程千帆說的這番話，使我們很自然地想起孔子的教誨，所謂「成事不說，遂事不諫，既往不咎」。由此可知，程千帆是按照孔子的教誨來處理人際關係的，並且，直到晚年，他還認為自己的所作所為與孔夫子的要求相差甚遠：「人際關係乃一門『終身由之而不知其道』的大學問，我到快要向孔二先生報到時，才意識到他老人家所說的『有一言而可以終身行之者乎？』『其恕乎！己所不欲，勿施於人。』實在是極平凡，極偉大。有點知道，仍然不能實踐，這實在是人生道路上的一種永恆的悲哀。」

說「有點知道，仍然不能實踐」，這當然是程先生的謙虛了，其實，在「忠」、「恕」兩方面，程先生已做得相當好了。

程千帆一再要求弟子要忍，要不恥於惡衣惡食，要待人和氣，然而想做到這一點，何其難也！不過，飽經憂患的程先生知道，不管什麼事，再難忍也得忍，所以，他常以蘇東坡一番話聊以自慰。在給弟子楊翊強的信中，程先生說：「昔東坡謫居惠州，人以為苦，坡曰：『譬如原是惠州不第秀才。』其地缺衣少藥，坡曰：『京師國醫手中死人尤多。』祖棻之祖父自號退安，或問其義，則曰：『退一步想，則心自安也。』與吾弟共患難時，亦嘗藉此思想度厄。」

由此可見，「退一步想，則心自安」正是程千帆化解憂愁、除卻煩惱、忍受厄運的首選妙方。程先生在南大工作時，住房狹小簡陋，但因

書生意氣

為能「退一步想」，對此他也就「心自安」了。在給弟子吳志達的信中，提及自己的住房，他說：「我住二樓，兩間房，約三十平方不到一點。這是暫時的，聽說以後要調整。勝牛棚多矣，士志於道，則不恥惡衣惡食。隨緣吧！」「我在南大十五年，只是在退休後三年，乃分得一劣寬之屋，亦不如弟今所舍。先賢有云：退一步想則心自安，幸善自葆愛。」

當弟子遇到類似的問題，他授之以同樣的「藥方」。程千帆認為，對住宿上的困難要「扛得住」，對他人的褒和貶也要「扛得住」。程先生在給弟子的信中，多次引用了莊子的一句話來開導他們：「呼我為馬，則應之以馬。呼我為牛，則應之以牛，斯可已矣。貶者如此，褒者亦然。」表面上看，這是逆來順受，骨子裡卻透著一種自信。「內省不疚」，別人的褒和貶也就無關痛癢了。

程千帆先生安貧樂道，與世無爭，但這並不表明他是個無原則之人，並不表明他對什麼都可以忍，對什麼都無可無不可。倘若事關人格尊嚴，事關學術大義，他也會毫不妥協，絕不讓步。

粉碎「四人幫」後，某大學欲返聘程先生，程先生則毫不猶豫一口拒絕：「前時武大邀復職，以積三十年之經驗，覺此校人情太薄，不能保餘生之清吉平安，已峻拒之。」後來南京大學邀其復出，他則慨然允諾，其原因是南大待人以誠，用程先生的話來說就是「相待以禮以誠」。在給他人的書信中，程先生一再提及南大對他的知遇之恩：「此間相待以禮以誠，大異武漢，想來可在此間以著述終老。」「當事者以禮相待，或可老死於此矣。」感激之情溢於言表。

孔子曰：「君使臣以禮，臣事君以忠。」看來，程千帆舍武大就南大，做出這樣的選擇完全是儒家文化薰染的結果。

在一次談話中，程千帆告訴弟子們，哪些事要看淡，哪些事要抗爭：「至於物質生活，我希望你們首先認識到，世界上有比金錢和金錢所能獲得的物質生活更有價值的東西。錢是需要的，是好的，關鍵是『不義而富且貴，於我如浮雲』。認識並堅信這一點，不僅不會羨慕別人，而且會過得很快樂。應該堅信你們本身的價值是會被肯定的。不是說現在的環境就蠻舒服的，就令人滿意了，目前環境對知識分子來說還是很困厄的。如果你心裡老想著別的，一心以為鴻鵠將至，做學問就挺苦的。我不僅要求你們學問出人頭地，也非常希望你們『大德不踰閒，有義利之辨』。對不公正的待遇，要始終堅持抗爭。做學問要頑強，做人也要頑強，當然是要講道理的頑強。」

程千帆先生雖終身潛心學術，但他並不是一個「兩耳不聞窗外事，一心只讀聖賢書」的「隱士」，相反，從他寫給弟子、朋友的書信中，我們可看出，程先生其實是一位密切關注現實的「猛士」。正如其弟子莫礪鋒所說的那樣：「程先生在日常生活中顯得恂恂如也，相當的平易近人，可是其內心卻剛強不可犯。」

傳奇不遠,歷史風濤中的文化人:
蔡元培 × 錢玄同 × 季羨林 × 劉半農 × 張蔭麟……品讀一代巨匠的精神風範與赤誠品格

作　　者：魏邦良	**國家圖書館出版品預行編目資料**
發 行 人：黃振庭	
出 版 者：崧燁文化事業有限公司	傳奇不遠,歷史風濤中的文化人:蔡元培 × 錢玄同 × 季羨林 × 劉半農 × 張蔭麟……品讀一代巨匠的精神風範與赤誠品格 / 魏邦良 著. -- 第一版. -- 臺北市:崧燁文化事業有限公司, 2024.11
發 行 者：崧燁文化事業有限公司	
E - m a i l：sonbookservice@gmail.com	
粉 絲 頁：https://www.facebook.com/sonbookss/	面;　公分
網　　址：https://sonbook.net/	POD 版
地　　址：台北市中正區重慶南路一段 61 號 8 樓	ISBN 978-626-416-041-4(平裝)
8F., No.61, Sec. 1, Chongqing S. Rd., Zhongzheng Dist., Taipei City 100, Taiwan	1.CST: 傳記 2.CST: 中國
	782.248　　　　113015943

電　　話：(02)2370-3310
傳　　真：(02)2388-1990
印　　刷：京峯數位服務有限公司
律師顧問：廣華律師事務所 張珮琦律師

-版權聲明-
本書版權為北嶽文藝所有授權崧博出版事業有限公司獨家發行電子書及繁體書繁體字版。若有其他相關權利及授權需求請與本公司連繫。

未經書面許可,不得複製、發行。

定　　價:350 元
發行日期:2024 年 11 月第一版
◎本書以 POD 印製
Design Assets from Freepik.com

電子書購買

爽讀 APP　　臉書